从个人贡献到成熟管理

高效

周景 著

精进

清华大学出版社
北京

内 容 简 介

在这个快速发展的时代，每个职场人都会遇到转型的困惑和挑战，特别是业务骨干转型成为团队管理者的时候，会面临角色调整、人员管理、团队合作、内外部沟通、人才培养等难题，过去的业务经验很难直接转化为管理经验，只能在实践中慢慢摸索，很容易走弯路。

本书为职场青年、业务骨干、基层管理人员提供了系统性的成长路径，把新任管理者的成长过程划分为转型期、成长期、规范期和突破期四个阶段，梳理了团队管理者的转型历程和高频工作场景，为新任管理者以及希望从事管理工作的职场人士，在适应角色、管理团队、取得业绩、加速个人成长等方面出谋划策，帮助他们树立信心、掌握方法、不断精进，早日成为优秀的团队管理者。

图书在版编目(CIP)数据

高效精进：从个人贡献到成熟管理 / 周景著 . —北京：清华大学出版社，2024.2（2024.4重印）

ISBN 978-7-302-65183-3

Ⅰ.①高…　Ⅱ.①周…　Ⅲ.①管理学　Ⅳ.① C93

中国国家版本馆 CIP 数据核字 (2024) 第 033298 号

责任编辑：张立红
封面设计：毛　木
版式设计：方加青
责任校对：卢　嫣
责任印制：刘海龙

出版发行：清华大学出版社
　　　　　网　　址：https://www.tup.com.cn，https://www.wqxuetang.com
　　　　　地　　址：北京清华大学学研大厦 A 座　　　邮　　编：100084
　　　　　社 总 机：010-83470000　　　　　　　　邮　　购：010-62786544
　　　　　投稿与读者服务：010-62776969，c-service@tup.tsinghua.edu.cn
　　　　　质 量 反 馈：010-62772015，zhiliang@tup.tsinghua.edu.cn
印 装 者：天津鑫丰华印务有限公司
经　　销：全国新华书店
开　　本：148mm×210mm　　　**印　　张：**9.125　　**字　　数：**204 千字
版　　次：2024 年 3 月第 1 版　　　**印　　次：**2024 年 4 月第 2 次印刷
定　　价：69.80 元

产品编号：101671-02

在人生旅程中，我们经常会身处十字路口，面临选择难题。参加工作以后，每个职场人，特别是业务骨干，可能都会遇到这样一个困惑：究竟是继续沿着专业技术路线深耕，还是选择走上管理岗位进一步发展？

这本书可以帮助有类似困惑的职场人，特别是年轻的业务骨干，重新思考眼前的选择，尝试新的挑战，磨练管理能力，缩短转型周期，早日成长为一名优秀的团队管理者。

管理是一场修炼

在过去十多年的职业生涯中，我在人力资源领域深耕，在多个部门轮岗锻炼，观察了多个组织的运营模式、领导的不同风格、同事的成长轨迹，也和很多同行进行过跨行业的交流学习，深知职场转型的不易。

很多从业务岗位转做管理的人，通常都信心满满、志在必得，以为很快就能一呼百应，再把自己过去的经验教给下属，取得突出业绩就指日可待了。但他们很快就会发现，自己美好的期望在残酷的现实面前不堪一击。

我有个朋友之前是学校老师，因为教学能力突出，人也很有亲和力，就被领导推荐做管理。一开始他担任院系的基层主管，经历了几年焦头烂额的难熬岁月，也承受了很多委屈。例如他说话直，容易在无形中得罪人；布置工作后，下面的人总是容易拖延，需要经常催促；很多事情别人不配合，只能靠自己；加班时间多，等等。虽然他有过无数次放弃的冲动，但好在跌跌撞撞地走了过来，慢慢找到了自己的方法和风格，几年后通过内部竞聘晋升为副院长，成为别人眼里的优秀团队管理者。

学习管理是我们成为职场达人的必经之路。面对岗位转换，有的人会选择用一段时间专门进修，例如读 MBA、报名管理培训班等；有的人很幸运，能遇到愿意辅导自己的领导或者导师，上手速度就会快一些。但对于大多数普通人来说，更多地还是依靠自己在实践中摸索，这就免不了会走很多弯路，甚至沮丧到想放弃、想退出。如果这时候身边能有一本书，成为自己困惑时的参考指南，内心就会踏实很多。这本书能让自己在找不到方向的时候，看见一束光，引导自己平静下来，认真思考，再结合现实环境，找到问题的解法，帮助自己渡过这个难关，取得进展和成果，这就是我写作这本书的初心。

为了方便读者阅读，本书把新任管理者的成长历程划分为四个阶段，分别是转型期、成长期、规范期和突破期，系统梳理了成为团队管理者的心路历程和高频场景：

从犹豫彷徨到适应新角色；

从如何与上级沟通到如何管理下属；

从规划目标到分解任务；

从取得业绩到培养团队；

从内部合作到跨单位交流；

从会议管理到学习安排；

从冲突管理到情绪调节；

从善用工具到资源整合；

从绩效面谈到团队文化；

从个人自我管理到人才梯队建设；

从做好本职工作到为将来的晋升打好基础

…………

这些话题为新任管理者在适应角色、培养团队、取得业绩、实现自我成长等方面出谋划策，也需要管理者保持谦虚谨慎的作风，以此为起点，不断精进。

彼得·德鲁克说过："管理是一种实践，其本质不在于知，而在于行；其验证不在于逻辑，而在于成果。其唯一的权威性就是成就。"

管理者要学习的东西实在太多，但学习适应的时间很短，边干边学成了管理者的常态。这就需要管理者耐得住性子，踏踏实实地在事上琢磨，结合本书的脉络，立足于自身的工作情况，知行合一，持续修炼。

成长是一轮体验

优秀的管理者，不只能管理好他人，更能管理好自己，从而影响和带动身边的人发生改变，取得成就，获得成长。

我们带多少人的队伍，就可能会受到多少人的质疑和挑战，这是管理者的宿命。

曾经有个同事，业务能力在团队中算不上数一数二，但是领导最终还是选择他作为部门负责人，就是看重他性格沉稳，关心同事，能够让团队中的其他人更好地发挥作用。刚开始的时候，业绩最好的同事并不服气，觉得领导偏心，没有按照业绩排名选拔管理者，在工作中并不配合这位新官上任的部门经理，还在私底下和其他同事抱怨。部门经理并没有计较，而是引导大家紧盯团队目标，包容这位同事的缺点，并在他的弱项上给予支持，帮助他在某个项目中拔得头筹，慢慢获得了这位业绩冠军和整个团队的认可。

作为管理者，我们需要用自己的持续成长，来撬动整个团队的高效精进，让每一个团队成员感觉"与你同行，不虚此行"。在这个过程中，显然是充满挑战的，也充满了沮丧、无奈甚至绝望，因为成长本身就需要克服各种难题和不愉快。

不论我们未来会做多久的管理工作，这种经历本身就是对我们最好的回报。在管理工作中，我们会逐步构建自己的方法，形成自己的原则，帮助自己顺利度过新手期，成为一名靠谱的管理者。同时，我们还能够在生活中借鉴管理经验，提升自己对生活的规划力和掌控感。

管理，发端于工作，助益于生活，回报于个人成长。没有什么比看着曾经羞涩的自己、磨合的团队取得一个又一个进步更令人欣慰的了。

不论是将来专职做管理，还是在业务工作中承担更多的管理职能，都需要掌握管理的基本流程和方法，少走弯路。哪怕短期内不准备做管理工作，但一个人只要处于一个团队中，只要在工作中需要和他人配合，就应该去尝试了解管理、学习管理，帮助自己更好地理解他人，理解团队运行的基本规律，减少摩擦，形成合力，从而推动团队目标和个人目标的达成。

期待此书可以成为一座桥梁，带你了解管理岗位面临的挑战以及应对策略，通过学习借鉴古代先贤的智慧、东西方管理学家的思想、企业管理人员的实战心得，帮助有意向或者已经从事管理工作的读者，构建相对完整的管理角色认知，掌握基层管理岗位的工作内容和技巧，打开视野，树立信心，迎接挑战，顺利实现从个人贡献者向成熟管理者转型。尚未从事管理工作的年轻人也可以通过这本书了解管理工作的重点环节和难点，更好地理解自己的上级，配合团队，达成目标。

斯蒂芬·茨威格有一句名言："一个人生命中最大的幸运，莫过于在他的人生中途，即在他年富力强的时候，发现了自己的使命。"

对我来说，通过写作帮助更多的读者加速成长，就是我最想做的事情。期待这本书能够成为你身边的参谋长、情绪的调解员、思考的触发器和成长的见证人。

周　景

2023 年 10 月 16 日

目录

第1章

转型期：

从业务能手到管理新手

　　每个人在职业生涯中可能都会面临一个选择，那就是在业务工作表现突出的时候，遇到从事管理工作的机会，是否应该尝试转型？

　　如果想开启新的职业选择，尝试成为一名团队管理者，我们就应该认识做业务和做管理的差异，转变角色认知，找到个人优势，了解管理工作的特点和雷区，做好充分的转型准备，从而开启新的职业之旅。

第 1 节
职业选择：走在业务与管理的十字路口

林子里有两条路，我选择了行人稀少的那一条，它改变了我的一生。

——《未选择的路》，美国诗人罗伯特·弗罗斯特

业务骨干的赛道选择

古人"学而优则仕"，今人"业而精则管"。很多企业的管理者都来自一线员工，特别是业务骨干。在本职岗位表现优秀的他们，被企业寄予了更大的期待，希望他们能够承担更大的责任，带出更多和自己一样优秀的员工，产出更多的业绩与成果。

在不同类型、不同体量的公司中，业务骨干晋升为管理者以后，面临的局面也会千差万别。

有的管理者的定位是基层主管，通常会带几个下属，从而形成一个项目小组，负责部门的某一个或几个职能工作。例如人力资源部门的招聘主管，一般会带几个下属专门从事公司的人员招聘工作；软件开发小组的项目负责人，需要带领整个团队完成程序开发任务。

有的公司规模不大，部门层级较少，没有设置基层主管这一管理层级，管理者可能会直接成为部门经理、副经理。

当然，有的人晋升到部门主管，只是获得一个头衔，并不直接

带下属，这个职位只是公司对其工作经验或者贡献的认可。与此同时，公司对他的要求会相应地提高，对其工作独立性和业绩突破的期待更大。

作为业务骨干，当上级找我们谈话，希望我们变换职业轨道，从做具体的事情过渡到管人、带人的时候，我们通常都会在心里画上一个大大的问号："**站在业务工作与管理岗位的十字路口，我究竟往哪条路上走更合适？**"

- 继续做我们当前的工作，熟门熟路，而且随着经验的积累和手艺的精进，取得更大的突破似乎指日可待。
- 从事业务工作，不需要太操心，管好自己就行，不太需要兼顾别人的节奏，只要自己肯下苦功夫，就有希望得到更好的结果。
- 做管理工作，需要面对很多不同类型的人员，处理更复杂的局面，总有开不完的会、谈不完的话、操不完的心，忙起来的时候常常顾头不顾尾。
- 成为管理者，拥有更高的权限，能够影响更多的人，看起来备受尊重，但自己能够处理好复杂的关系，培养出优秀的人才，做出更大的业绩，得到更体面的回报吗？
- 如果当前不转型，错过了这次机会，以后还有晋升的机会吗？

每个业务骨干都可能会面临类似的困惑与选择。进入不同的职业赛道，意味着工作局面的调整和竞争规则的改变，虽然某个业务骨干可能被看好具备一定的潜质，但谁也不敢打包票，他就一定能够转型成同样优秀甚至更加优秀的管理者。**如果提拔后的效果并不理想，不仅企业可能会损失一名优秀的业务骨干，还可能给整个团**

队的发展带来不利影响。

孙悟空本领高强，技术能力出众，但是在转型成为天庭"公务员"（不论是管御马监的弼马温，还是管蟠桃园的齐天大圣）的时候，就明显出现了角色不适应的情况，惹出了不少麻烦。

很多业务骨干一旦在管理岗位上做得不理想，就很可能会感觉没有面子继续待在公司或者回到原岗位，被迫选择离开。如果公司没有足够的容错心态和人员调整机制，无法包容转型失败的业务骨干，就更容易加速人才流失。

因此，业务骨干在转型管理岗位时有所担忧是很正常的。如果这样的机会摆在面前，我们该如何选择呢？

业务骨干的自我评估

从业务到管理的最大挑战，来自工作界面的变化，特别是从以技术技能为中心转移到以人际技能为中心的挑战。

首先，我们要明确管理的基本概念。管理学家斯蒂芬·罗宾斯的观点是："所谓管理，是指同别人一起，或通过别人使活动完成得更有效的过程。"简单来说，就是通过别人来达成目标。

其次，我们要明白管理者可能会面临的基本挑战，不论是个人成就动机还是能力，都需要具备一定的水平。我们可以根据下面的表格对自己进行初步评估，如果分数越高，说明自己从事管理工作的兴趣和潜力越大。

表1　团队管理者的自我评估表

评估要素	具体说明	自我评价
成就动机	是否渴望获得更高的成就、更大的影响力？是否渴望带领他人为实现目标而奋斗？ 说明：管理者需要积极调动所有能够调动的资源，投入人力、物力和时间，为达成目标而带领团队共同拼搏，获取业绩和成果，得到公司的认可和别人的尊重，从而获得相应的待遇和成就感。	□非常不符合，1分 □不符合，2分 □一般，3分 □符合，4分 □非常符合，5分
目标管理	是否具备良好的目标管理和计划分解能力？ 说明：管理者要善于对各类目标进行分类、排序，找出最重要的工作任务，善于对工作任务进行分解，形成可行度高的计划方案，指导团队成员完成任务。	□非常不符合，1分 □不符合，2分 □一般，3分 □符合，4分 □非常符合，5分
责任担当	是否愿意积极主动承担责任？ 说明：不论是管理者计划安排不妥当，还是下属在执行过程中出现了问题，最终都需要管理者承担责任。管理者不仅要对工作过程和业绩结果负责，还要对团队成员的成长和团队文化的营造负责。	□非常不符合，1分 □不符合，2分 □一般，3分 □符合，4分 □非常符合，5分
人际沟通	是否喜欢与人打交道，通过影响别人实现目标？ 说明：管理者沟通的对象不仅包括公司内部的上级、下属、其他同事，还包括政府主管部门、外部合作单位等，这就要求管理者必须具备一定的沟通能力，能够处理好相应的沟通事宜，推动项目进展。	□非常不符合，1分 □不符合，2分 □一般，3分 □符合，4分 □非常符合，5分
抗压能力	是否具备较强的抗压能力？是否适应经常被打断的工作节奏？ 说明：成为一名管理者后，被各种人和事干扰的概率就会大幅提升，不论是上级的指令、下属的请示、会议安排、突发事件处理等，都需要管理者面对很大的不确定性。	□非常不符合，1分 □不符合，2分 □一般，3分 □符合，4分 □非常符合，5分

评估要素	具体说明	自我评价
情绪管理	是否具备较强的情绪管理能力？ 说明：作为个体，即使我们情绪欠佳，影响面也不会很大，但是作为管理者，如果无法合理控制自己的情绪，就可能会给自己的团队、组织或者客户造成更大范围、更高程度的伤害。	□非常不符合，1 分 □不符合，2 分 □一般，3 分 □符合，4 分 □非常符合，5 分
人才培养	是否愿意花时间培养人？ 说明：管理者个人能力再强，也无法代替整个团队去作战。如果管理者过于享受冲在一线的乐趣，不习惯计划统筹、分配任务、总结经验，不愿意花时间指导下属，团队的整体成长就无从谈起。	□非常不符合，1 分 □不符合，2 分 □一般，3 分 □符合，4 分 □非常符合，5 分

如果得分在 7～15 分，说明我们还没有达到管理者的能力要求，需要认真评估自己在各个维度的优劣势，争取通过观察、自学、参加培训、与高手交流等方式，不断提升自己的能力。

如果得分在 16～25 分，说明我们在管理工作的某些能力要求上具备相应的潜力，需要找到能够发挥自己优势的领域，并在非优势领域加快学习，避免短板过短，或者通过团队成员的合作来弥补自己在某些方面的不足。

如果得分在 26～35 分，说明我们具备较强的管理潜力，在多个能力要素上拥有良好的基础，能够比一般人更快地适应管理岗位的要求。

以上评估要素都是团队管理者不得不面对的真实情境。与此同时，**除了考虑个人情况之外，我们还要关注自己所处行业和企业的特点，自己处于企业价值链的哪个环节？是做专业人士更方便取得成果，还是做管理人员更容易创造价值？**

如果我们在学校、律师事务所、会计事务所、咨询公司、医疗机构、培训机构这类组织，成为专业人士更能体现个人价值。随着时间和经验的积累，我们可以专心打磨专业技能，生产自己的个人作品，获得更高的声望和收益。如果我们处于传统行业，提供的都是标准化生产的产品和服务，岗位的可替代性非常强，那么转型成为管理人员就更容易发挥杠杆作用，创造更大价值的概率也会更高。

因此，如果我们对从事管理工作抱有一定的兴趣，具备一定的管理潜质，愿意接受挑战，在公司内部有机会的情况下，可以亲自实践，验证自己的判断。

最后，职业转型是一个探索和试错的过程，中间肯定会有很多的纠结。管理是一种实践，光靠想象是无法理解其中真意的，只有躬身入局，才能与之产生化学反应。

新任团队管理者的挑战

在企业管理中，每个层级的管理者负责的核心任务是不一样的。简言之就是高层确定方向，中层拟订方案，基层完成具体的任务，以便更好地支持和完成各个阶段的目标，为组织战略的实现保驾护航。

对于很多新任管理者来说，面临的五大挑战是：理解战略方向，分解团队任务，化解具体难题，开解队员情绪，破解成败经验。

这五个"解"也体现了对管理者不同的能力要求：

● 理解战略方向——分析能力

● 分解团队任务——计划能力

- 化解具体难题——技术能力
- 开解队员情绪——人际能力
- 破解成败经验——总结能力

组织的建立是为了完成特定的目标，组织内部的各个团队都是为了实现不同的子目标而存在。作为一名管理者，其最终的任务都来自组织战略目标的分解。这不仅要求我们充分理解组织的战略方向，还要能够在上级的指导下，定义团队目标，分解团队任务，制订详细的计划并落实。

在执行过程中，管理者难免会遇到各种各样的问题，不论是人员的问题还是资源的问题，都需要管理者从中穿针引线，协助并指导团队去化解或者绕开这些难题。当工作推进不顺利，遇到内/外部人际冲突的时候，很容易导致情绪问题的滋生与扩散，这就需要管理者去协调和安抚各类人员的情绪，引导团队回归工作主赛道。

在项目结束之后，不论是胜利还是失败，管理者都应该趁热打铁，带着团队复盘，梳理胜利的经验和失败的教训，并形成书面文字，沉淀为团队经验。

除了工作中的五大挑战，管理者还不得不面对内心的冲突。

有些人不喜欢做管理，却因为看到管理者拥有的地位和待遇，就拼命挤进管理者的队列，想以此获得更好的前程。一旦以这样的心态去做管理，就很容易在未来遭遇挫折时感到灰心丧气。

我的建议是，先测试一下你目前处于怎样的状态——你只需要了解自己平时喜欢和谁比较、拿什么内容作比较，就知道自己目前是**"业务人员心态"**还是**"管理人员心态"**。如果你的业务表现比别人好，你就很开心，业务上比不过别人，你就不开心，那就证明你还是"业务人员心态"；如果你喜欢带领他人一起完成目标，愿意分享经验，帮助下属成长，那就说明你拥有良好的"管理人员心态"。

《面对面影响力》的作者陈玲在书中提醒我们："*无惧他人的业务能力比你强，欣赏他人的才华，是管理者的关键品质。*"

从专业人士到管理者的转变需要一个长期的心理建设过程，这需要放弃对专业人士的身份的迷恋，变成一个协调他人、服务他人的资源整合者。因此，在从事管理工作时，**把美好的想象除以3，把未来的困难乘以3，才能帮助管理者以更好的心态去迎接新的挑战。**

如果真的无法判断哪个选项更靠谱，那就选择更有难度的那条路吧。特别是对于年轻人来说，早一点尝试更有难度的人生选项，能够更好地认清自己，发现自己的优势。

第 2 节
角色认知：做业务与做管理有哪些差异

　　一旦你成了管理者，你就不再是会计、设计师、渔夫、艺术家或者其他任何你所中意的职业身份。我经常提醒人们：作为管理者，如果你还在做你以前做的那些你喜欢的事情，那你十有八九会出错。你现在要带着一个团队，让他们做你擅长做的事情，所以你至少应将85%的时间花在管理上。

　　　　　　　　　　——《创造：用非传统方式做有价值的事》，托尼·法德尔

什么是管理？

　　管理就是通过他人来达成目标，管理的难度也恰恰体现在"通过他人"这一点上。在现实工作中，有一些组织的管理者拥有主管、经理的头衔，但实际上并没有直接下属，他们算管理者吗？

　　彼得·德鲁克在《卓有成效的管理者》一书中拓展了管理者的内涵，他眼中的管理者是"由于担任职务或者掌握知识，于是被人期待在日常工作当中做出决策，从而对组织的绩效和成果产生显著影响的那些知识工作者、经理或者个体贡献者"。

　　国内知名领导力学者刘澜进一步丰富了管理的定义，他在《极简管理学》中提出"管理就是利用资源实现目标"。实现目标是目的，利用资源是手段，在刘澜看来，每个人都是管理者。因为每个人都有需要实现的目标，在实现目标的过程中都需要利用资源。

　　理解了管理的内涵，我们就能更好地产生身份认同，不必觉得自己当前没有下属，只是顶着一个主管、经理的头衔，就和管理工作无关。只要我们的工作需要调用资源，需要通过他人来协作完成，我们就是管理者，就有必要学习管理知识和技能。

管理者角色认知

　　对于新任管理者来说，管理的难点不是掌握管理知识和体系，而是每天都需要面对具体的事务性管理工作。**过去让我们取得成功的经验，很可能会成为我们下一个阶段的障碍。**

　　例如，当我们是一个业务骨干的时候，通过单打独斗就可以取得很好的业绩，但是当我们成为一名管理者的时候，就需要影响他人、辅导他人，这就需要我们投入额外的时间用于与人沟通，开展辅导，如果我们在这方面缺乏耐心和技巧，就很难取得良好的团队业绩。

　　iPod 之父、iPhone 设计者、谷歌智能家居 Nest 创始人托尼·法德尔在《创造：用非传统方式做有价值的事》一书中分享了他对管理者的建议：

　　一旦你成了管理者，就不要再做那些让你在最初获得成功的事情。你不能继续去做你擅长的事情，相反，你要深入研究如何让别人去做以及如何帮他们提升能力。你的工作是沟通，沟通，沟通，招聘、聘用和解雇，制定预算，项目审查，一对一会议，团队内部会议，和其他团队及上司的会议，在这些会议上展现你的团队，设定目标并保持前进方向，化解冲突，帮忙为棘手的问题找到创造性的解决方案，阻止和处理各种办公室政治，指导你的团队，并且要一直问他们："我应如何帮你？"

以前做职员的时候，工作量比较多，我看到主管似乎并没有那么忙，因为部门负责人交代下来的活，主管都会分解给各个职员。我想着什么时候能够当上主管就好了，因为大事情有领导撑着，小事情可以交给下面的人，自己居中传递一些信息，协调好各项工作的进展就行了。但等到我真的做了主管才发现，真实的情况并不是自己想象的那样。

没有做管理的时候，我好像是在骑自行车，只要自己掌握好时间和工作节奏，就没有太多人干扰我。但是带了团队以后，我就发现自己像是坐在了一辆七座的商务车当中，车里有很多人，包括领导、同事、下属、客户、合作伙伴等。因此，对于开车的路线、时间、节奏，就没办法全部由自己说了算。

作为一个职员，我只需要玩命地蹬自行车就行了，一旦开始带人，我需要兼顾的事情就多了。有的人希望以更快的速度到达目的地，有的人关心的是走哪条路对自己最有利。但是对于坐在驾驶位的我来说，必须兼顾行车的速度、安全，还要在一定的时间内到达目的地。新上任的管理者一定要从过去业务工作如鱼得水的状态中抽离出来，主动调整好自己的工作重心。

对于新任管理者来说，做好团队的内部管理，要重点关注以下六个环节。

1. 制订目标与计划

2. 分解任务与资源

3. 日常沟通与激励

4. 培训学习与辅导

5. 结果评估与反馈

6. 人员管理与优化

这六个管理环节并不完全按顺序进行，很多环节会同时发生。我建议新任管理者可以多和人力资源部门沟通，他们在人才管理与培养方面通常拥有更多的实践经验，能够帮助管理者获得最新的政策信息和经验支持。

管理者价值系数

对个人来说，优秀的定义是取得好业绩，把工作做漂亮，高效率、高质量地完成工作任务。但对于新任管理者来说，组织冒着损失一名业务骨干的风险，把他们从个人贡献者中挑出来，让他们把其他人组织起来，以获得更高的产出，就需要管理者切换工作视角，用团队业绩来衡量自己的工作成效。

《销售铁军：从销售新人到铁军缔造者》的作者张强提到："当你成为一名管理者时，你要思考的不仅是自己如何能做出业绩，还要花更多的时间和精力来思考能给员工带去什么，如何才能更好地帮助他们获得进步，如何不让他们白费心力，如何让他们感受到付出是一种快乐，付出能得到回报……这些都需要你花费脑力去思考。只有全心全意地为你的员工考虑，他们才能心甘情愿地跟着你，跟你一起马不停蹄地奔波，跟你一起'打天下'。"

在这里，我用"价值系数"这个概念来展示管理者对团队业绩的贡献度。团队业绩可以用这样一个公式来表达：

团队业绩 = 团队成员业绩 × 管理者价值系数。

如果一个团队有 10 个人，过去大家各自为战，业绩最好的人能得到 95 分，团队总分就等于每个人的得分之和：

团队总分 A =（70+80+85+75+65+85+40+60+70）+95=725

现在，从 10 个人中挑选出一位管理者，假设挑走个人业绩得到

95 分的人，这个人的管理者价值系数为 1.5，那么团队的总分就是：

团队总分 B=（70+80+85+75+65+85+40+60+70）×1.5=945

当然，这里只是假设选择业绩最好的人担任管理者，实际上并不是业绩最好的人就能成为最好的管理者。这里是按照 1.5 的价值系数举例计算，最终团队总分 B 是团队总分 A 的 1.3 倍。如果管理者能够更好地发挥作用，价值系数就越大，能够产出的成果就越好。

可以量化业绩结果的销售、生产等部门很容易计算出管理者的价值系数。行政后勤类的服务部门可以通过工作耗时等计算出管理者的价值系数，例如原先做某项工作需要 3 个小时，现在管理者通过流程优化、人员培训、使用高效率的工具等手段，只用 1.5 个小时即可完成这项工作，那么管理者就可以在这项工作中产生 2 倍的价值系数。

评估一个管理者的绩效，不是要看这个人自己做了多少具体工作，而是要看他撬动了多少价值系数，带动团队做出了多少业绩，培养了多少优秀人才，留下了多少经验。

管理者关注的三个维度

管理者刚上任时很容易发现一个痛点，原本自己 30 分钟就能完成一个任务，但如果通过别人完成这个任务，可能要花一个小时的时间教别人，但是别人做出来的结果可能还不如自己，需要反复修改，甚至推倒重来。这就让原本很快就能完成的事情变成了来回折腾的工作，很多管理者对此感觉十分痛苦。

如果你大喊一声："闪开，让我来！"这就坏事了，以后越来越多的工作就都会依赖你，大家都指望你，而自己随便做做就行，交 60 分的作业，最后由你兜底。下班的时候，其他人都回家了，只有你还在默默战斗，感动了自己，感动了无数人，但是没用。哪天你离开了，这个团队的战斗力依然很弱。**对管理者来说，最大的问题就是自己出色地完成了本应该由下属完成的工作。**

作为新任管理者，需要从哪些维度努力，帮助员工更好地开展工作呢？

第一个维度是**意愿度**，管理者要做的工作是沟通、协作、激励、认可。**管理者要说清楚工作的意义及其对员工本人的价值，而不是简单地下指令。**很多时候，管理人员总是急急忙忙的，布置工作时，三言两语就把下属打发走了，对方领了任务，却不知道做这件事情有什么意义。

举个例子来说，管理者希望下属把一篇稿子写到95分的水准，也就是几乎不需要修改就可以直接用，这样自己就省心了，不必花太多的时间和精力去做下属本来应该做好的工作。但是下属是怎么想的呢？下属会认为，自己完成写稿子的任务即可，写完了甚至也不检查一遍，且不说文字是否优美、通顺，搞不好文中还有几个错别字。

面对这样的情况，管理者应该怎么做呢？要么自己辛苦地花时间修改，或者推倒重来；要么把下属喊过来，当面指出稿子存在的问题和错误，让他回去修改。下属也许当时会虚心接受管理者的意见，但是下次依然会按照固有的模式做事，继续犯错。下属觉得自己出错是正常的，毕竟自己水平有限；管理者也会叹口气，觉得替下属修改把关也是天经地义的，毕竟下属工作不成熟。

管理者的时间和精力就是这样被消耗了。这个困境的根源是什么？下属缺少精益求精的做事态度，缺少对一次性把工作做到位的追求，看不到自己工作的意义和价值，只抱着60分万岁的态度，就难以提升工作质量。

　　管理者可以在不同的场合, 对下属优质的写作进行公开表扬, 每个人都希望得到别人的认可, 这很关键。管理者的公开表扬是一个重要的激励信号。当所有人都知道这个下属稿子写得好的时候, 他以后写稿子就不好意思懈怠, 因为大家对他的期待以及他对自己的要求都会提升。

　　某研究院的小邱从事行政工作, 有一次参加所里的演讲比赛, 拿了一等奖, 替所里争得了荣誉。所长还专门发了个朋友圈, 把现场的颁奖图发出来。大家纷纷点赞, 有同事和他说, 领导平时很少发朋友圈, 这次专门给他发圈祝贺, 实在是惊喜。小邱感觉自己被领导发朋友圈宣传, 比得奖本身还高兴, 工作热情比以前更高了。因为被看见, 可以让一个人在一段时间内焕发出更多的活力。

　　第二个维度是**能力值**, 这里指下属的知识、技能, 无论是接受过培训还是自学成才, 总之, 员工得有完成某项任务的技能。例如, 管理者让下属做个海报、视频, 他需要会操作相关的软件; 管理者让下属在某个会议上做汇报, 他得有文案撰写和现场演讲的能力。如果下属在某些技能上有欠缺, 或者距离岗位的要求还有差距, 就要想办法为他们提供培训的机会。

　　第三个维度是**环境场**, 包括国家政策、公司战略、企业文化、软硬件支持等, 这里考虑的是环境给工作带来的推力或者是阻力。管理者要给下属创造良好的工作环境, 增强推力, 减少阻力。不能对布置下去的工作不管不问, 有时候下属卡在某个环节了, 就需要管理者帮助他解决这个绊脚石。

　　管理者不是一个人在战斗。管理者要通过激发下属的积极性和创造性去获取胜利, 为他们提供各种物质和精神上的支持, 帮助他们排除行动的障碍。

第3节
优势识别：如何寻找自己的特色标签

　　卓有成效的管理者会努力做自己，而不是模仿他人。他会审视自己的绩效表现、自己的成果，并努力从中概括出自己的工作模式。他会问："哪一类工作别人做起来要费九牛二虎之力，我做起来却轻而易举？"

　　　　　　　　　　　　　　——《卓有成效的管理者》，彼得·德鲁克

找准优势的三个方法

　　"你的优势是什么？"你可能多次遇到过这样的问题，如果你无法很快答出来，就值得警惕，说明你对自己的优势并没有清晰的认知。每个人身上都有闪光点，但遗憾的是，很多人没有认真思考过这个问题。

　　如何识别自己的优势呢？有三个方法：一看成绩，二听反馈，三做测评。

　　第一，梳理过去取得的成绩。

　　翻一翻自己过去的业绩、拿过的荣誉、获得的证书和奖项、经历过的重大事件等，这里面很可能藏着你的优势。以下问题可以帮助你开启反思之路。

　　● 我喜欢做标准可控的任务，还是对充满挑战的任务更兴奋？

- 我擅长做策划、出主意，还是习惯根据明确的指令做执行？
- 我是喜欢单独行动，还是喜欢与他人合作？
- 我是喜欢说，还是喜欢写？
- 我喜欢研究事情，还是喜欢与人打交道？
- 我喜欢做有意思的创新工作，还是喜欢把现有的事情做得更快、更好？

我建议管理者每年更新一下自己的简历，用一份文档记录职业生涯中的里程碑事件，例如，取得的重大业绩、主导的重要项目、主讲的培训课程、获得的荣誉证书等。这些关键事件能够帮助你更好地认识和激励自己。

第二，听听身边人的反馈。

你要关注身边人的反馈，特别是自己的上级、职业导师，他们对你的情况很熟悉，了解你在哪些领域做得出色，在哪些领域需要提升。你还可以从朋友口中得到一些反馈，看看自己是什么样的性格，哪些方面容易得到朋友的肯定，哪些方面容易被朋友吐槽。

另外，别人经常向你求助的事情，可能就是你相对擅长的事情，小到如何挑选聚餐的餐厅、如何点菜、如何写出一篇令人夸赞的述职报告等，大到如何组织一场报告会、主讲一堂培训课程、牵头某个项目等。多听听身边人的反馈，了解你在哪些领域能够做得比一般人更出色。

第三，做一次专业测评。

为了更好地了解自己，你可以尝试做一些职业测评，梳理自己的性格特点、职业优／劣势。还可以听取专业测评人员、职业生涯规划师的建议，请他们帮忙分析，找准你的优势和未来发展的方向。

职业测评的类型有很多，例如霍兰德职业测试、盖洛普优势测评、MBTI 性格测试、贝尔宾团队角色测评、DISC 行为模式测评、大五人格测评等。

我在某个平台做过职场优势的专业测评（据说样本有 50 万人）。测评结果显示我在这三个方面相对更有优势：第一个是洞察力好，超过 94% 的人；第二个是条理性强，超过 93% 的人；第三个是成就他人的愿望强，超过 93% 的人。拿到这个结果时，我感觉到有些诧异，因为我没有办法这么准确地总结出自己的职场优势。后来一想，这三个领域的确是我更喜欢、投入时间更多的地方。

根据以上测评结果，有利于我发挥优势的工作是什么？

1. 需要从复杂的信息中快速抓住核心或者本质的工作。

2. 下属或者团队成员需要长期的指导和支持的工作。

3. 对工作的程序、流程要求严格的工作。

当然，除了优势之外，每个人都要面对自己的劣势。对我来说有挑战性的影响因素是什么？

1. 应对社交场合，内心会产生抗拒和不自信。

2. 更享受独处的空间，不太擅长交际。

3. 权力动机并不强烈。

因为酒精过敏的原因，我以前对参加各种应酬比较抵触，能躲就躲。后来出于业务需要，对于工作中必须参加的应酬，我会提前做好准备，和上级沟通好，告知自己不喝酒的原则，并邀请其他同事给予协助。

　　虽然我是一个比较内敛的人，并不喜欢社交，但是对于行业内的交流、培训，包括线下的同行聚会，我都会刻意要求自己带着一定的目标参加，尽可能地接触新信息，认识新朋友，调整自己在这段时间、这个场合的风格。我和很多新认识的朋友聊天，谈起性格特点时，他们都不太相信我是一个内向的人，因为在他们的眼里算是比较能说的那一类人。

　　对待下属，我更倾向于帮助他们发现内在驱动力，不断地扩大工作视野，在工作中找到成就感，从而更好地自我驱动，而不是靠命令对他们施压。

　　作为一名 HR，我有很多机会观察公司里的很多管理者。有的管理者性格比较内向，很担心自己能否做好管理工作。实际上，管理工作并不是时刻都要一个人具备外向的特征，只要在那些需要管理者表现得更加外向的场合里，管理者换一种行事风格即可，比如面对领导、同事、外部合作伙伴进行汇报、演讲、发言等。管理者只要提前做好准备，多练习几次，就能够妥善应对这样的场景。

　　因此，寻找你的优势，能够让工作得更加得心应手。在自己不擅长但是必须面对的事情上，可以通过提前训练或寻找替代解决方案来应对。

如何建立优势标签？

　　以前我在高校工作时，有位领导很擅长帮助别人构建个人优势标签。比如，她要求全体辅导员在做好常规工作的基础上，每个人必须打造一个鲜明的个人品牌，不论是学业辅导、谈心谈话、职业规划还是心理咨询、新媒体运营都可以，在优势区域打造护城河，通过大量的实践和输出，确保自己在这方面的领先地位。

例如学业辅导，当其他辅导员遇到厌学或者成绩提升不上去的学生，都去请这位辅导员出马。在咨询过程中，这位辅导员也会因为接触大量案例，持续研究这个领域，从而不断输出这方面的经验，不论是做同行之间的经验交流，还是写论文、做研究，很快就能成为这方面的专家。

奥美互动全球董事长兼首席执行官布赖恩·费瑟斯通豪在《远见：如何规划职业生涯3大阶段》一书中给出建议："将被他人欣赏的价值表现出来，为自己贴上标签，你就会在职场上树立起自己的品牌。如果说你和其他强大而善良的品牌都被摆在货架上，那么当带着空闲职位或升职机会的老板来店里寻找能够解决问题的人时，你要做的就是让他们选择你。"

构建优势标签，不仅有利于个人的成长，还能够形成互帮互助的团队氛围。每个人都有优势，都能在某些方面帮助别人，给彼此支持，在工作中获得成就感。

管理者要善于帮助下属打造优势标签，让他们在团队中找到自己的价值，当他们有了突破性的业绩表现、获得某类奖项或荣誉，有了可供复制的经验产品或举办某项活动、处理突发事件的经验时，要学会为他们营造属于自己的"闪亮时刻"。

认识自己是做好管理工作的前提，管理者也要学会"上架"自己的价值标签，让团队成员在需要帮助的时候，知道管理者能够提供哪些方面的资源和经验支持。

别和自己的劣势较劲

除了培养自己的优势之外，管理者还要注意避免和自己的劣势较劲。过去在工作中，我有时候会过于追求完美，对一些细节要求比较高，因此当下属的工作让我不满意的时候，我总是忍不住希望他们能够立刻达到更高的水准。后来我发现这样做会让下属感到不适，我就告诫自己，不重要的工作完成即可，不必追求面面俱到。

有一些管理者不太擅长立刻做出决定，常常习惯于让下属等待自己思考以后再给出下一步指示。这样做很容易把事情的进程卡在自己手上，万一忘记反馈，就会耽误事。遇到下属请示工作，但我不能立刻给出意见的时候，我通常会告诉他一个时间节点，如果我在某一天某个时刻没有回复他，请他再次提醒我。针对一些重要工作，我也会在手机日历上设置日期提醒。

很多企业希望自己的管理者都是多面手，要求他们努力克服自己的缺点，这显然并不是一个靠谱的建议。埃森哲合伙人乔·欧文在《领导力陷阱》一书中举了一个形象的例子："举重运动员要想在奥运会上获胜，靠的并不是努力克服自己在花样游泳方面存在的弱点。假如你的分析能力很强而创新能力较弱，你就不会以成为公司的核心创新人才为目标而获得成功。"

如何改变这种局面呢？乔·欧文给了三条建议。

第一，避免在自己的弱势项目中工作，应该让自己站在优势领域，才能更好地发挥个人潜力。

第二，组建一个能够弥补自己弱点的强大团队。你可以不擅长某方面的工作，找个人来协助你就行。

第三，努力学习，让自己的弱点不至于产生致命的缺陷，保持及格水准，无需花费太多时间和精力去变弱势为优势，因为那样做并不划算，而且常常事与愿违。

　　企业不需要尝试去"修补"每个人，不要把员工放在他不擅长、不喜欢的领域，还美其名曰"多方位锻炼"。这会让企业失去某个领域的高手，在一定程度上、一定范围内给组织带来混乱，更要命的是，企业可能会损失一员大将。

　　平常的努力只能换得平常的成绩。如果你想走得更快些，就必须拥有自己的独特竞争优势，这个优势可以是"人无我有"，也可以是"人有我优"，至少能让领导在安排某些事情时，立刻就能想到你。在某些特定的领域，你要拥有足够的话语权。

第 4 节
走马上任：管理工作的雷区在哪里

在你取得成功的时候，工作会变得更加艰难。

——《巨人的工具》，蒂姆·费里斯

工作交接的雷区

新任管理者第一件头疼的事情就是工作交接的质量。

很多人刚开始走上管理岗位时，是接手一个各方面都混乱的烂摊子，还是一个比较规范的好摊子，对其进入工作的状态都有很大的影响。如果面对的是一个前任留下的烂摊子，很可能接下来很长时间都要替前任"还债"，很难短期出业绩、出效果。如果接手的是一块比较好的"庄稼地"，工作规范有序，人员配备齐全，就能够更快地上手出成绩。

因此，在晋升管理岗位时，管理者要格外关注交接工作的质量。在交接时，管理者可能会遇到以下四种情况。

第一，前任管理者准备了详细的交接材料，除了纸质资料、电子版资料，还帮管理者整理了工作中的合作关系，甚至帮管理者牵线搭桥，带着管理者走访相关的合作部门和外部单位，这是最好的交接方式。有公司要求调任者对原岗位三个月内出现的问题负责，也是从机制上要求做好交接。

第二，只留下一些资料，匆忙交接，甚至管理者到岗时，对方早已经离开了。这就比较尴尬了。管理者一方面需要和上级对接今后的重点工作与计划，另一方面也需要多多熟悉过去的资料，和下属加强交流。有一位 HR 经理刚上任时就遇到了这样的情况，上一任经理早已离职，每当下属来找她签字时，她就让下属带上前 3 个月的签批情况，一边对照过去的情况，一边思考后期的处理意见。

第三，如果管理者上任的岗位是新设置的，那就要思考上级设置这个岗位的期待是什么。管理者必须充分和自己的上级沟通，了解上级甚至更高层领导的期待。

第四，如果管理者原地升职，工作内容变化不大，那就要拔高工作标准。很多中小型企业会把晋升当成一种对骨干员工的奖励。有的主管、经理也并不带人，只不过是拥有这个头衔，获得相应的待遇。

很多企业在交接工作时，只有一张交接表，无非就是一些固定资产和基本的文档，交接的质量就纯粹是个良心活了。

如果每次换人都是万丈高楼平地起，那就是对组织经验的巨大浪费。

前些年，我在离开某个业务岗位的时候，额外写了三四千字的交接说明，就是不希望我前期做的很多工作因为交接不完善而断档。大到与上级业务主管部门对接的注意事项，小到某些具体业务的微信群或 QQ 群，以及日常工作中不容易发现的问题，我都写下来了。虽然没人要求我这样做，但如果我不记录下来，接任者就得从头开始摸索，耽误很多时间。但是我这样的做法并没有成为组织的固定动作，以至于很多接任者前半年的时间都花在重新摸索新工作上，着实令人遗憾。

后来我在新单位做团队负责人，手下的一名主管 A 调到集团的其他单位，因为当时做那块业务的只有这一个主管 A，我和集团申请安排接任者和主管 A 一起工作一周，这样面对面的协同工作，让交接变得非常顺利。

一个组织的交接工作也能间接体现公司的管理水平，至少是公司对组织经验传承的重视。我轮岗了很多岗位，深知工作交接的重要性，花了很多时间撰写详细的工作手册，前后积累了十几本工作流程手册。但遗憾的是，因为换人，很多过去的经验无法被继承下来，毕竟新来的管理者都有自己的思路和想法，这也是组织经验传承中的难点。

管理者上任以后，要注意以下五个变化，避免踩到雷区。

雷区 1：忽视职责变化。

从业务骨干晋升上来的管理者，通常都有自己的一技之长，业务能力很强，但进入管理岗以后，不能只顾自己埋头做事，不去关注团队的氛围、成员的状态和彼此之间的关系。

雷区 2：试图成为超人。

管理者做得越多，下属可能越不知所措。

雷区 3：试图全盘否定过去。

不要一上来就试图全部否定过去的做法。特别是如果前任管理者还在公司，就更不要轻易在外人面前抱怨对方的工作不到位，避免引起麻烦。

雷区 4：设置过高目标。

新任管理者有时候难免心气高，对过去的情况不太了解，容易好高骛远，因此在制定目标时，要注意结合当前的实际情况，刚开始的时候步子不能迈得太大。

雷区 5：忽视关系维护。

新任管理者容易一上来就投入战斗，忽略了维护团队内外的关系。等到管理者号召大家冲锋的时候才发现，很多人和自己并不熟，彼此不了解该如何配合。因此，在推进团队任务的时候，应该先通过日常沟通、谈话和合作，建立信任关系，了解彼此的特点，才能更好地配合。

如果管理者是以空降兵的身份进入一个新团队，先梳理关系再做事，能少踩很多雷区。

接手团队的雷区

有一位世界 500 强企业的女性中层管理者，从总部空降到中部省会城市的商场，当时团队的业绩和表现是最差的，更要命的是部门员工都是消极怠工的男性。面对这样的情况，她该如何破局呢？

这位新任管理者并没有大刀阔斧地提出改革方案，而是认真观察和了解每个团队成员的性格特点、过去的工作情况。经过一段时间的考察，她把最不配合部门工作的员工任命为团队二把手，原先站立在团队对面的意见领袖，现在摇身一变成了管理者。有意思的是，这个人迅速转变了身份，带头履行职责，把原先用来和组织对抗的劲头全部投入工作中，并且影响了身边其他的人。

在当时的环境下，按照常规推进工作，就会非常困难。在非常时期，就要用非常方法。作为管理者，应该学会判断自己所处的情境，是使用常规人才、创新人才还是高潜力人才？

学会知人善任、排兵布阵，是新任管理者走马上任、平稳落地的关键环节。

当管理者接手了一个糟糕的团队时，自己要做好以下四件事。

第一，树信心。既来之，则安之，为自己树立 200% 的信心，这样当管理者遇到困难、挫折时，即使丢掉了一半的信心，也还有 100% 的信心。

第二，查历史。上任后，管理者要尽快熟悉过去的工作流程，查阅以往的工作资料，重新梳理工作脉络，整理出需要解决的历史问题清单，和自己的上级沟通，对问题的重要性和紧急性做出排序，抓住当前的主要矛盾，明确自己的目标。

第三，建队伍。如果原来的团队成员有不作为的，甚至是起负面作用的，要尽快调整或淘汰，招聘新人，从零开始，加强培训和辅导，带领团队重新起跑。这个阶段会非常辛苦，不仅需要得到上级的大力支持，还需要人力资源等部门的协助。

第四，选新人。在新队伍里挑选合适的人员，担任自己的左膀右臂，建立起新的团队架构。

如果刚开始就面对不利局面，要先冷静下来，管理者越慌乱，下面的人也会跟着焦虑，焦虑很容易导致误判，进而导致团队采取错误行动，走很多弯路。

从一个专业人士转变为成熟的管理者，需要经历一个漫长的心理建设过程。就像《西游记》中的唐僧一样，从一位得道高僧（专业人士）转变为小团队的管理者（取经团队项目经理），这个过程是非常痛苦的，为三个徒弟、一匹马操碎了心。直到原著第 57 回，也就是"真假美猴王"事件之后，团队关系才算得到了真正的缓和，大家齐心协力，不再怀有"二心"，而是互相扶持，一路向西。

着急行动的雷区

新官上任三把火？别着急，先稳住基本盘，保持稳定运行。

杰克·韦尔奇在《赢的答案》中提醒管理者："在上任伊始就对团队进行大刀阔斧的调整，对你在这个组织将来的发展和地位的提升没有什么好处。你不如做一个'和平爱好者'，只有当团队准备为他们所笃信的使命战斗的时候，你才迅速采取行动。"

刚刚进入新岗位的时候，不要着急改变过去的规矩。特别是过去大家习以为常的工作习惯。如果打破了老规矩，肯定会给员工带来一些心理上的不适应，进而遭到众人的反对。

"先僵化，后优化，再固化"的工作思路值得我们借鉴。如果管理者想改变一些规则、改变一些东西，就必须让大家看到新规则给大家带来的好处和价值，这样才能够让大家从心里愿意去适应新规则。毕竟从旧的工作方式切换到新的工作方式，是需要一些学习成本的，并不是每个人都愿意做出这样的改变。

能够维持团队正常运转的管理者就是一名合格的管理者。稳住工作的基本面，把常规工作做成熟后，再根据组织战略和上级指示，主抓一两件契合上级精神的创新工作就够了。在刚晋升的阶段，不要贪多求全，好高骛远，搞得下属苦不堪言，摊子铺得太大，容易收不了尾。

彼得·德鲁克在《使命、责任、实践（使命篇）》中提到："在我经历过的一些案例中，管理者所做的事情通常是为了帮助下属执行工作，但结果适得其反，非但无益于下属，甚至有时会妨碍他们的工作。"

管理者一定要注意，不要随意自作主张，没搞清楚状况就着急行动。一方面容易吃力不讨好，让团队白忙活，另一方面也可能会让上级陷入被动，给组织带来危机。

第 5 节
工作盘点：目标、任务与资源分析

做什么事都不能基于美好的愿望，而是要基于能力和资源。老鹰可以吃到兔子，鲨鱼却吃不到，但鲨鱼不应该羡慕老鹰，而是应该努力捕捉更多的鱼。

——《营销笔记》，小马宋

目标盘点

在读《资治通鉴熊逸版》第一册的时候，我看到一个很有意思的故事，说的是春秋时期，晋国赵氏家族的赵简子派家臣尹铎治理晋阳。如果其他人被委以重任，肯定会感谢领导给机会，表达自己会好好工作，不负领导期望，然后就走马上任了。但是尹铎并没有这样，而是先弄清楚自己去"分公司"担任"总经理"的核心目标，是最大限度地为主君盘剥当地的人力、物力，还是善待百姓，为主君赢得民心，让晋阳成为赵氏家族未来的堡垒？

第一种做法能够迅速增强实力，但是坏处很明显，搜刮民脂民膏，容易破坏口碑，积累民怨，导致百姓对赵氏家族的反感和反抗。第二种做法细水长流，虽然短期效应不明显，但是长期来看，万一将来局势发生什么变化，这里还有个大后方做保障。

作为即将上任的管理者，尹铎直接呈上了两种不同的工作目标，让领导做选择题，而没有直接张口问领导要答案，这显然是一个非常聪明的做法。也许赵简子刚开始没有想明白，也可能是忘记了，在下属提醒后，非常痛快地给出明确指示：不要做那种搜刮地方财力的一锤子买卖，要给自己家族的未来发展留个大后方。这样，尹铎就心中有数，安心上任了。后来的事态发展，完全证实了赵简子的先见之明。

这个故事给管理者的启发是，不论走上哪一级的工作岗位，都要明确自己真正的目标是什么。目标是工作的灯塔，一切工作都是为了完成这个目标而进行的。

当然，对于管理者来说，常见的核心目标肯定是完成绩效目标和人才培养目标。但在不同的时间段需要重点倾向哪些具体目标，很容易让新任管理者摸不着头脑。特别是在中小企业，管理的规范性和积累性比较弱，新任管理者到岗后，常常两眼一抹黑。这时候，就需要对自己的目标进行分析和拆解。

第一，理解两个层面的目标。新任管理者要多和自己的上级沟通，请上级站在更高的角度，明确公司的战略目标、自己所在部门或者团队的核心目标，根据这两个层面的目标，拟定当下的重点工作。

第二，学会翻译团队任务。把团队的工作分解成每个人可以执行的任务。管理者不能只让下属接受具体的工作，还要让他们明白整个团队的目标、每个人所负责的工作的意义和价值以及他们如何更好地支撑团队目标的达成。

第三，学会辅导下属。做业务是一个人拿结果，带团队是通过别人拿结果。管理者的绩效来自团队，来自每个下属，因此，帮助下属拿到工作结果、达成绩效是管理者的重要工作之一。管理者要适应角色的变化，从自己抓鱼转变为授人以渔。做业务的时候，你的偶像可以是孙悟空，但是带团队的时候，你就要考虑怎样成为唐僧。

　　第四，构建良好的内 / 外部协作关系，包括与上级、下属、其他同事、外部合作单位的关系。同时，也要关注与本行业、本部门工作相关联的政府部门、社会组织等的关系。

　　第五，提升团队的学习能力。通过工作中的实践总结、阅读书籍、参加培训等方式，不断提升团队成员的工作水平。

　　第六，建立流程驱动的工作模式。把团队的常规工作逐步模块化、流程化，减少日常工作的时间占比，集中精力和资源进行重难点攻关。

　　第七，建立容错的工作氛围。有一句话叫"多做多错，少做少错，不做不错"，保守是人的天性，如果团队没有容错的文化氛围，就很容易打击员工的积极性。

关系盘点

　　作为新任管理者，特别是基层主管，要尽快熟悉自己需要对接的各个单位和部门，包括外部的主管单位、供应商、渠道商等，可以通过一张表格进行梳理。

　　这张表格包括但不限于：关系类别（内 / 外部）、合作内容、对接人、注意事项等内容。

表 2　关系盘点表

序号	关系类别	单位/部门	合作内容	对接人	注意事项
1	内部合作	公司采购部	物资采购	张三	提前 2 周报需求
2	外部合作	××区××局	月度安全报表	李四	每月 5 日前提交
……	……	……	……	……	……

　　当然，如果对接的单位和部门比较多，也可以将这张表格按照内 / 外部合作关系分开梳理，方便查阅。

人才盘点

通用电气前 CEO 杰克·韦尔奇曾说："一个称职的业务领导，必须首先是一个优秀的人力资源经理。"

为什么这样说？因为管理者不仅要管理团队，还要了解员工的情况，熟悉多个人力资源相关流程，包括招聘、入职、试用期考核、转正、职业规划、人才培养、轮岗、晋升等。

人才盘点的核心目标是通过对当前团队人员现状的分析，找出其与未来发展所需人力资源的差距，制订下一步的人才培养与优化计划。对于表现优异的下属，要给予加薪、升职；对于技能有欠缺的下属，要及时培训；对于绩效不达标且经过培训或者轮岗依然没有改进的下属，要及时淘汰。

在人才盘点方面，我们可以根据"人才九宫格"，对现有的团队成员进行分类识别，把他们放置在不同的位置，这样能够一目了然地掌握成员状态。如果团队成员较少，也可以采用团队人才盘点表的方式进行记录与分析，具体内容可参考下表。

表 3　团队人才盘点表

姓名	近期绩效	优势	劣势	下一步安排				
				晋升	重点培养	保持现状	培训	调岗/淘汰
张三	A−	……	……		√			
李四	B+	……	……			√		
王五	B−	……	……				√	

管理者要挖掘下属的优势和劣势。对于下属的优势，要给他们平台、机会，让他们在优势领域出色发挥，创造更多、更好的成绩。

有的管理者可能会问，针对下属的劣势怎么办呢？是要求他加强学习，把短板补起来吗？

我的建议是**不要去弥补，而要找替补。**

第一，管理者可以根据往年的绩效考核结果、其他领导或同事的评价、自己的观察与思考去判断，并和下属坦诚沟通其优 / 劣势。如果前期没有和下属合作过，千万别只听别人的评价就下结论，一定当面和下属本人沟通，听听对方的想法，帮助下属识别其优 / 劣势，并达成共识。

第二，针对下属的缺点，管理者可以在团队（或者其他部门）中找一个擅长这方面工作的人来协助他，只有这样才符合团队的意义——团队合作，优势互补。

当然，这并不意味着管理者对下属的缺点不管不问，管理者帮助下属做到"优点可用，缺点可控"即可。

例如，管理者不能要求一个技术人员面面俱到，既能解决技术难题，又能照顾好每个人的情绪，还会察言观色，做好服务。如果这样的话，他就没有办法把精力放在业务能力的提升上了。他可能在路上遇到了同事，不会积极主动地打招呼，他可能会忘记与管理者约定的时间。但没关系，如果发生这样的事，管理者下一次就设置一个日程提醒，提前 30 分钟再提醒对方即可。

我有一次预约了一位技术人员来维修办公设备，先后预约过两次，每次到点没来，打电话询问，他都说忘记了。如果我以前遇到这种情况，肯定会生气，觉得技术人员做事不靠谱，但那时候我常翻阅《论语》，经常提醒自己"人不知而不愠"，心态调整很快。当我发现了技术人员容易忘记事情的特点后，没有责怪他，而是调整了对接思路，重新约定好时间以后，我就设置一个手机日历提醒，到时候提前半小时打电话提醒他，后来就顺利完成维修了。

管理者应该多思考"我怎么样才能用好他"，而不是"我怎么样才能改变他"。这样就能避免很多误会和猜疑，更好地团结身边的人。

流程与资源盘点

管理者应该努力让更多的因素变得可控，也就是把管理去艺术化，通过流程来降低不确定性，多思考如何通过优化流程环节来提升效率。

例如，对于一个负责某个门店的销售主管，门店销售额就是他的核心考核目标，如何计算门店销售额？可以通过一个公式来表达：

销售额 = 进店人数 × 成交率 × 件数 × 单价。

有了这个公式，销售主管就可以思考如何改善以上四个环节来提升销售业绩。这就让自己从焦虑状态中走了出来，站在更高的维度去思考接下来的破局点。

有了这样的管理公式，管理者还需要思考在每个流程环节自己能够动用的资源有哪些，包括人力、财力、物力等。哪些资源自己能够直接调用？哪些资源需要上级授权或者支持调用？

有时候，我们做事太过辛苦，并不是我们的能力不够，而是缺少了相应的信息和资源。在解决问题的过程中，管理者不要不好意思求助，生怕上级认为自己能力不行。上级是我们解决问题的一个有效资源，要用好上级的支持。

每个管理者的工作，都需要经过一个去艺术化的过程。认真总结自己做事的风格、做成事的原因，找到那个影响团队工作绩效的公式，然后针对公式里的每个变量进行分析，制定具体的策略，带领团队成员逐一攻克瓶颈，取得突破。

第 6 节
翻译：如何更好地接受上级的工作指令

实现上级的意图，而非单纯执行上级的具体命令。

——《铁马秋风集：企业如何向军队学打胜仗》，宫玉振

沟通漏斗的影响

一位设计部门的新任主管很头疼，每次他的上级布置工作任务时，都不会一次性讲清楚需求，而是先让他们做，然后不停地提出修改意见。原本不需要花多长时间的任务愣是经常被拖到加班才能定稿，设计师经常和他抱怨这件事，他自己也不得不帮着做一些设计方面的具体工作，以便及时响应上级的需求变化。遇到这样的困境，部门主管该怎么办？

我们在工作中经常发现，很多新任管理者在接受工作指令时，生怕上级领导觉得自己笨，和上级没有默契，不太敢问得太仔细，担心上级不耐烦解释，最后只能领回来一个模糊的指令，边琢磨边执行。等到"交作业"的时候，上级一看，和自己想要的东西偏差较大，说不定就会劈头盖脸地骂一顿。这就导致新任管理者更加谨慎小心，如履薄冰。

关于这类问题的发生，我们可以从沟通漏斗模型中找到原因。**沟通信息的传递、解读与最终的执行效果，可以看成一个漏斗**。上级布置任务时，心里想的是 100%，嘴里说出来的是 80%，

下属听懂的是 60%，理解的是 40%，最后做出来的效果只剩下 20%，这就是沟通漏斗模型。作为新任管理者，应该如何降低沟通漏斗的影响呢？

第一，做好记录并复述。

上级布置任务的时候，我们要带本子和笔做记录，如果没有听明白，就再追问下上级"您说的意思是不是……"或者"您想要的效果是不是……"

记录完以后，自己还可以再复述并确认一次重要的任务："领导，您刚刚布置了 3 项任务，分别是……，完成的截止时间是……"

复述是为了和上级进行目标对标，防止自己有什么信息遗漏，也能提醒领导再次思考，还有没有需要交代的信息。如果上级没有增加新的信息，我们也可以再问问上级还有没有其他补充的内容，或者请上级指点一下自己，在执行的过程中有没有特别需要注意的地方。

别担心上级会不耐烦，这时候多沟通几句，做事的时候就会少走很多弯路。哪怕上级真的有些不耐烦的情绪，也比我们努力了很久，但是做的东西不符合上级心中所想要好得多。

第二，阶段性汇报，随时校正自己的执行路径。

不要等到全部做完之后再去给上级做汇报。当自己做出一个方案框架，或者推进到某个阶段之后，就可以和上级汇报一下，再核对一次需求，不至于后期全部推倒重做，增加太多的工作量。

当然，作为设计主管，我们可以在拿到初步需求之后，给出 2～3 个设计思路或者草图。有的上级之所以来回更改自己的需求，就是因为他自己也拿不准到底想要什么，或者是心里大致有个标准，但是说不出来，表达得不够清晰。等我们把别人的案例呈现在他面前的时候，他就很容易判断这是不是他想要的效果了。

如果上级总是变换自己的思路，就要增加阶段性汇报的次数。在需求确认上做得越多，后期返工的次数就越少。

第三，将自己的工作过程可视化。

对于设计主管来说，我们要能够判断某项工作需要多少环节，每个环节需要多长时间，每个环节当中存在的变数是什么。

我们可以按照这样的思路画一张表格，统计出一项工作任务的环节和时间，然后带着这个可视化的表格去和上级沟通，请他帮忙看看，如何提高效率，优化其中的工作环节。这样也可以让上级知道频繁变更需求对工作效率的影响。

比如说，我们设计某类作品需要 4 个小时，但是因为经常临时更改需求，导致增加了 3 个小时的工作量。我们要学会协助上级来帮助自己。

第四，请求资源支持。

当上级布置任务后，不要着急吐苦水，可以换个沟通思路，告诉上级目前的人手和资源都不够，询问上级为了达成目标，能够给予哪些支持。

在一次管理层会议上，集团领导在询问某个下属单位的年度业绩后，问了一句："明年能做到两倍的增长吗？"因为市场行情不好，发展趋势不明朗，下属单位领导苦笑着摇摇头。集团领导说："如果你能够问我，为了实现这个目标，需要我提供怎样的资源，咱们就能够聊下去了。"

如果工作目标超出了我们的承受范围，就要学会和上级沟通，能不能增加资源？如果上级布置的工作太多，或者因为不断地修改而导致时间紧张，能否从其他部门借调人员帮忙？或者通过外包的形式让专业的设计机构或者设计人员来分担一部分任务。

在遇到问题的时候，一定要和上级坦诚地交流，强调自己和上级目标的一致性，自己是为了更好地完成任务，看看上级能不能给予资源支持。不要自己一直压抑着，等到压抑不住的时候再爆发，上级还觉得这个人挺奇怪："之前不都是好好的吗？怎么突然就爆发了？怎么工作抗压能力这么差？"

第五，提高工作的预见性。

很多时候，上级把任务布置下来，留给我们执行的时间就已经很紧张了，因此，我们要学会对工作进行预判。

作为设计部门的主管，我们要关注公司当年的重要节点、活动、项目，比如说，过去一年里每个月分别设计了哪些作品？是因为什么样的活动、项目而产生的需求？今年有没有类似的需求？有哪些事情自己可以提前准备？

我们可以每个月都拉一张清单，去和上级沟通，看看下个月可能会发生哪些重要的活动，去年同期我们做了哪些设计，今年还有没有类似的需求，以及如果有类似的任务，自己可以做一点什么样的准备。

当自己对下一步的工作有了初步的预判之后，就可以在不忙的时候提前做一些准备工作，这样的话，等到工作任务真正来临的时候，就不会那么焦虑和紧张了。

如何"翻译"上级的指令

我在基层工作时发现一个普遍的问题，就是很多领导在布置工作的环节没有充分表达和透露更多信息，以至于下属常常因为找不准方向而频繁返工。后来我在担任团队负责人的时候，就格外注意这一点。我在布置工作时，要和下属进行确认，对方是否了解了这次工作的目标、意义、执行流程、配合人员、关键节点以及截止时间，哪些事情是对方可以自己做主的，哪些事情是需要向上汇报的。为了防止下属在接受信息时出现错误或者遗漏，有时候我会选择给对方写一张便签，或者请对方记录后复述一下，形成共识以后再去执行。

别小看这几分钟的时间，争取一次性做对，确保执行过程中不出现返工情况，不仅能够提高工作效率，还能够避免返工带来的情绪焦虑问题。

举个例子，假如你是一个行政部门的主管，明天下午某个部门要去办一场培训，部门经理向你交代了一个任务："安排人去给培训讲师拍几张照片。"

这个工作难不难？如何执行这项工作？一般人通常都会回复："好的，没问题。"然后安排摄影师提前 5 分钟到达培训现场，如果摄影师比较忙的话，也可能是你自己跑过去拍几张照片就结束了。

但是当部门经理看到那些数量不多的照片，没有多少是他想要的场景和效果时，肯定会不满。要注意，当你接到工作任务时，不要只顾着完成这个动作，你一定要检验一下完成的质量。

部门经理给你布置拍照的任务，是想达成什么样的目的，你有没有想过？

第一，部门经理希望有几张图片能够用于宣传报道，例如发布在网站、微信公众号上，或者放在宣传栏上，因此他对图片的质量要求还是比较高的。

第二，部门经理想留几张高质量的照片，回头分享给讲师，以便对讲师的工作表示感谢。

第三，可能是部门经理想凑齐 9 张图，在朋友圈发一个九宫格的照片，以此来展示部门的培训工作。

当你了解了这个可能性以后，应该怎么做呢？你应该和对方确认目的，这样你就知道需要拍多少张可以用的照片了。

第一，你至少得在现场拍 30 张照片，才可能有 10 张是可以用的。用数量确保质量。

第二，拍完别着急走，你得看看成片效果。万一拍得不好，还有补拍的机会。

第三，你得有不同场景、不同位置的视角，让照片显得更加全面、立体。

你拍完以后，应该立刻回去整理好照片，及时发给部门经理，这样就不容易出现返工。要知道，有些事情想返工都做不到。例如培训已经散场了，讲师已经走了，你还怎么补拍？

提前完成工作

华杉在《华与华正道》一书中写道："提前到是不迟到的唯一方法，提前完成是按时完成的唯一方法。"

对于负责基层行政工作的管理者来说，可以说只恨自己没有三头六臂，事情多得忙不过来，更要命的是很多事情都是临时发生的，例如领导的一个电话、上级单位的一次突击检查、其他部门的一次协助申请等，都会让管理者感到时间和人力的捉襟见肘。如何解决类似的困境呢？

当年我在一所学校的办公室担任部门负责人，就常常遇到这样的困扰。因为部门工作事务比较杂，行政、人事、宣传、党务工作等都集中在自己手上，自己又是空降兵，对很多情况并不熟悉，加上自己的下属也是新人，应对四面八方的工作需求很是头疼。有不少工作其实难度并不大，问题是工作任务都挤在了一起，分身乏术。

后来我发现这样被工作拖着走，实在是太痛苦了，考虑到教育单位工作的规律性，我就让每个下属记录当天的重要工作，然后每个月集中汇总一次。一年以后，我们就绘制了部门的全年工作流程表，把每个月的重点工作用表格罗列出来，按照上旬、中旬、下旬进行分段，从表格上看，每个月都有二三十项重要任务，每一项任务后面都写明了具体的对接人。

有了这些表格，以后的常规工作我就让下属去执行，不要等指示再执行。每个月底都要看看下个月需要做什么，其他部门往年有哪些活动需要支持，提前询问对方，今年是否在同期仍然开展相应的活动，这样的话，我们就可以提前做好准备。

比如说，按照往年的惯例，下个月有某个重要活动，负责宣传工作的同事就会咨询主办部门，今年是否如期举办？会有哪些变化？需要我们的设计师做哪些宣传品（喷绘、海报、横幅等）？活动流程表、出席人员名单、领导讲话稿等确定后能否提前分享？以便我们提前准备好新闻稿的写作框架，方便当天出稿。

这样做有很多好处。一方面能够锻炼队伍，培养下属的工作主动性，让下属从过去的被动应对变为主动服务。如果每个人都知道哪些任务是自己负责的，就会安排好时间提前沟通，在不忙的时候提前为后期工作做准备。

另一方面，虽然我们的工作量没有减少，但是通过提前布局，我们不再像过去那样慌张，还能腾出时间去做一些创新性的工作，为学校的发展和其他部门的需求提供更多的支持，提升部门的价值感和个人的成就感。这也成了我一贯的工作风格，每次轮岗到新的工作岗位，我都会在执行过程中熟悉每个环节，然后记录下自己的工作流程和心得。

新任管理者刚开始可能会因为扑面而来的繁杂任务而感到心烦意乱，这时候要稳住心态，做一件事情，成一件事情，并形成书面的经验总结，为后期处理类似事务提供标准化模板。

第 7 节
计划：如何做好任务解读与分配

目标刻在铁板上，计划写在沙滩上。

——《启发》，罗振宇

很多新任管理者都会遇到一个怪现象：以前做业务工作的时候得心应手，不需要经常加班，但是转型做管理工作以后，特别是刚上任的前几个月，经常忙得晕头转向，新的工作指令应接不暇，每天都有忙不完的事情，工作任务清单上也不断添加新的内容，总是无法被清空。

如果你咨询一些管理老兵，他们通常会告诉你，熬过这段时间就好了。怎么熬呢？有一个缓解此类症状的办法，就是紧盯目标，学会制订与调整工作计划，做好排兵布阵。

确定计划的优先级

新任管理者都会经历"兵荒马乱"的阶段，因为工作中会涌现很多需要临时处理的事情，这会让管理者疲于应对。管理者往往忙活了一整天，却发现自己解决的都是一些琐碎小事，那些重要的事情反而因为没有显得那么紧急而被冷落。

如何改变这样的状态呢？我们在制订计划时，需要考虑任务的优先级顺序。如何找到自己的优先计划事项呢？我们可以从以下几个方面去分析。

　　1. 自己的岗位说明书。

　　2. 公司战略、团队年度计划和重点目标。

　　3. 上级交办的重要任务。

　　4. 人员的招聘、培训及优化等。

　　5. 团队当下在做的重要项目。

　　假如我们是一家连锁中餐店的店长，可能会从以下五个方面分析自己当前的优先计划。

　　1. 打造一支高效率的团队。

　　2. 实现年营业额增长 10% 的目标。

　　3. 上级拟定了店面装修升级计划，需要在 3 个月后启动。

　　4. 降低团队人员流失率，培养 1 名储备店长。

　　5. 讨论并制订下个月初的促销计划。

　　这些计划看上去没有那么紧急，但如果我们不合理安排好这些计划，而是只关注需要随时处理的一些小事，就会陷入忙而无效的状态。管理者要特别注意，**避免靠"苦劳"去赚取同情，而要用"功劳"获得绩效**。

　　作为管理者，我们甚至要强迫自己，预留出处理优先计划事项的时间，例如招聘和培训店员、制定促销方案和店面装修计划等等。我们应该把这类事情做好任务分解，写入每天的日程表，时刻提醒自己优先处理它们。就像我们用瓶子装东西一样，优先装大石块（重要计划），再装细小的沙子（琐碎事情）。

　　原中国惠普公司助理总裁、首席知识官高建华在《打造销售铁军》一书中专门提到，作为管理者，只是给销售人员定指标、派任务是不行的，必须对完成任务的路径有清晰的计划和分解。

比如一个销售人员的年度目标是 300 万元营业额，那么分解到每个月，就是 20 多万元，分解到每周，就是 6 万元左右。如果一个客户带来 3 万元左右的业绩，那么每周成交两个客户就能完成任务。如何才能每周成交两个客户呢？按照以往的经验，如果是 20% 的成功率，那么要想每周成交两个客户，就至少要拜访 10 个客户；如果是 10% 的成功率，要想每周成交两个客户，就至少要拜访 20 个客户。如果每天见 5 个客户，上午 2 个，下午 3 个，就很容易操作，也很容易检查。

只有这样带着销售人员做具体分析，才能让下属明确思路，知道每天的任务，而不是凭着感觉做事。

制订计划的注意事项

第一，抓重点。

作为新任管理者，我们很容易以为自己能够抓住重点，结果忙活了半个月，向上级汇报工作的时候，才发现自己做出来的成果根本不是上级想要的。**就像辛辛苦苦做完了数学试卷，结果发现应该参加的考试科目是语文**。这不仅浪费时间精力，还特别容易打击人的信心，努力了那么久，发现路走错了，之前的功夫全部打水漂了。

因此，在制订计划的时候，一定要抓重点，这个重点不是自己以为的重点，而是和上级沟通以后，能够服务组织战略、支持团队绩效的目标。

第二，不求全。

不求全也是抓重点的另一个侧面。刚上任的时候，很多管理者看不惯公司或者团队里存在的很多问题，总想着先解决所有问题再出发。这是一种很要命的心态，因为我们的时间是有限的，组织的资源是有限的，我们的价值不在于发现并解决当下所有的问题，而在于寻找新的机会，否则我们解决再多的问题也没有用。

与问题同在，是工作的常态。

斯蒂芬·盖斯在《如何成为不完美主义者》中写道："身为一个不完美主义者的首要好处是，你可以在更多的场合获得行动力，受到的压力更小，取得的成果更大。一个人越是勇敢、自信、轻松，就越容易接受生活中的不完美。"

完美主义的心态不仅会害了自己，还会耽误团队的进步。在管理工作中，求全责备、追求完美并不是一个好现象。如果我们要尝试把更多时间和精力用来抓住市场机会，就要做一个"不完美主义者"。

第三，争支持。

争取团队的支持，是推动很多工作的前提。

我见过一个部门主管，刚上任时意气风发，总觉得自己很厉害，在和其他部门推进工作的时候，总是喜欢发号施令，也很难听进别人的意见，如果别人顺他的意他就高兴，如果别人提出反对意见，他就总觉得这是质疑。他希望别人都支持他的工作，但是在配合别人时总是推诿，能拖就拖。作为刚刚上任的主管，他在带下属时也是命令多于指导，一旦下属做事让他不满意，就不给人好脸色看。过了半年时间，这个主管就被调离了。

每个人的工作动机、工作能力、工作配合度都是不一样的，要把大家整合到一起，心往一处想，劲往一处使，就需要有足够的智慧和魄力。

任务分解

我习惯于用大白板分析问题，做团队任务的分解。之前在两个不同的单位工作时，我都分别买过一块白板，用来和团队成员进行头脑风暴，讨论问题，梳理工作思路，也会在开展内部培训时使用，呈现自己的思考。

刘润在《底层逻辑：看清这个世界的底牌》中分享了使用白板的体验：

我本人最常见的工作状态，是站在巨大的白板前，把想法像小石子一样，扔到知识储备的湖面上，然后迅速把激起的"浪花""涟漪"记录在白板上。这之后，我会退后半米，静静地看着这些想法舒展、连接、形成结构，感受创造带来的喜悦和成就感。

但除了喜悦和成就感，白板还解决了我思考过程中遇到的三个非常实际的问题：第一，相对于 Word、Excel、PPT，它能把我从"结构化的思维"中解放出来，随心所欲地思考；第二，相对于 A4 纸，它能把我从"有边界的思维"中解放出来，在广阔的空间里舒展、连接；第三，相对于翻页纸，它能把我从"不能错的思维"中解放出来，想到就写，写错就擦，擦了再来。

我自己用过很多工具管理工作计划，例如 Excel 表格、专门的项目管理软件、办公软件（如钉钉、企业微信）的日程功能等。不同类型、不同规模的组织使用的办公软件也不同，中小企业如果没有相应的系统或者软件，可以自己用一张表格进行计划统筹。

选择哪个工具不重要，重要的是用着顺手。在更大的空间里去审视自己的工作，会打开我们的视野和思路，如果是写在自己的工作笔记本上，很容易前面在几页纸上认真做了记录，后面却压根想不起来去翻看。

为计划铺路

　　商鞅变法之前，相关的准备工作都做好了，但是商鞅担心老百姓不信任朝廷，导致执行效果大打折扣。为了取信于民，他先组织了一场"城门立木"的活动，《史记》记载："令既具，未布，恐民之不信己，乃立三丈之木于国都市南门，募民有能徙置北门者予十金。"

　　任务很简单，奖赏很高，刚开始围观群众压根不相信有这种好事。后来官方干脆提升奖励标准，"能徙者予五十金"，有人就去试了试，反正最坏的结果不就是白忙活一次嘛，就当锻炼身体了。结果没想到，自己真的如数领到了奖金。

　　这件事情一下子就成为了头条新闻，上了"全国热搜排行榜"。通过城门立木这件事，商鞅成功地赢得了老百姓的信任，他告诉秦国百姓，朝廷颁布的政令是有信誉的，请大家放心。有了这样的造势活动之后，商鞅才开始施行自己的改革计划。

　　我们可以从这个故事中得到启示：**管理者在推动一个项目的时候，不要简单地认为把工作方案发给下属以及合作部门，大家就能按部就班地顺利执行。**

　　有一个团队从总部空降了一位新经理，部门原来的副经理很不爽，原本以为志在必得的位置被别人坐了，他心里不服气，仗着自己资格老，在工作中故意不配合。新经理发现这个问题后，就专门找他谈话：

　　我知道最近几次工作中的问题，不是你的能力问题，而是你存心不配合。这个位置你没坐上来，说明你暂时还不够格，不论是能力也好，业绩也好，人脉也罢。我坐在这里，自然有我的本事。

听新经理这样开门见山地挑明问题，副经理有些尴尬和不悦。新经理继续说：

我希望你明白现在的处境，第一，你的绩效考核抓在我手里，你的年终考评、未来晋升，我是第一道关。第二，就算你想尽办法挤兑走我，我也会在离开的时候，告诉公司领导，是你在工作中使坏，哪怕我走了，你也别想着晋升，也许你还得想一想，当下的位子还能不能坐稳。

你是聪明人，现在有两条路可以选择：第一条路，继续对抗，然后我找机会开除你，以后你找工作，新公司做背调的时候，我这里会给什么反馈，你心中有数；第二条路，我们合作，好好配合，共同把业绩做上去，我也会帮助你提升带团队的能力，给你培训机会。到时候我升职走，这个位置我会首推你来接任。我喜欢坦诚的沟通风格，不想耽误时间，也不希望团队内部勾心斗角，把心思都用在内耗上。你考虑一下，如何？

副经理想了想，快速权衡利弊，然后答应了新经理。话说开了，人想通了，思想统一了，工作配合就是小问题了。一年以后，经理顺利升职回总部，履行了当初的承诺，推荐了副经理接任。

在做事之前，要尽可能地减小阻力。很多时候，工作计划之所以无法落实，并不是工作本身有多少难度，而是因为人心不齐。

管理者在制订计划的时候，要紧盯目标，盘点好手上的各类资源，因人而异地统一思想，因地制宜地拟定计划，团结身边的人一起朝着目标努力。

第 8 节
小胜利：给团队增强信心的秘密武器

> 领导力的关键就是打胜仗，打胜仗是最好的团队建设和文化建设方式。
>
> ——阿里巴巴原全国 B2B 直销总经理俞朝翎

策划上任时的小胜利

朋友老张有一年被猎头挖到一家企业担任办公室主任，刚开始的时候，他没有采取什么大动作，而是通过观察以及和下属的交流，找了一个小小的工作突破口——在公司走廊设计文化墙。原先没有什么布置的走道，被制作精美的企业文化、发展历程、典型案例等内容覆盖，打造出了一条"企业发展史走廊"，一下子给办公室的工作增添了新的亮点，得到了诸多领导的关注和赞扬，办公室同事的脸上都有光，因为平时他们的工作多以案头文书为主，别人看不到。通过这件事，老张在团队中迅速建立了威信，得到了大家的认可。

老张说，刚开始到新岗位的时候，不能一上来就搞大动作，因为很容易遇到各种阻力，一旦推动不下去，最后就容易被人打上"失败者"的标签，团队成员也会跟着垂头丧气。因此，挑选一个相对容易，又能够被大家看见的工作，带着新团队在这个过程中磨合一下，打个小胜仗，是更加稳妥的选择。

朋友老赵有一年去某国企下属单位负责党务工作，上任第一个月，公司总部检查组来检查党建工作，但问题是过去的基础台账资料严重缺失，总部领导要求在一周内完成整改，并且会再次过来检查。因为上一任负责人走得很匆忙，很多事情都没有交接清楚。在短时间内，想完成整改工作难度非常大。

老赵在经过半天的梳理后，发现靠自己带着几个人单干不行，不仅时间来不及，而且还缺少非常明确的工作思路。为此，他专门找了一位党务工作专家来指导了半天，给出了清晰的整改方向，建立清单目录，明确细节要求，然后又和领导汇报，协调了其他部门的几个同事来帮忙，然后他带着团队一点点地补齐近两年的资料，加班加点地干，晚上和周末都不休息。他给工作组的所有小伙伴准备了零食、饮料，做好后勤保障，自己也带头参与具体工作。

经过一周的奋斗，团队顺利通过了总部的二次审查，他的工作得到了领导的肯定与认可，而他也迅速和团队成员建立了信任。

管理者如果能够在上任的头三个月完成引人注目的业绩或成果，就能够顺利度过入门考核期，赢得众人的好评。

取得小胜利的三个步骤

如果想在上任阶段取得标志性的小胜利，就可以按照以下三个步骤来准备。

第一，寻找小项目。

在刚上任的时候，首先要稳住局面，保证工作交接期的平稳过渡，在头三个月内，你的上级一般比较宽容，会给你足够多的时间去熟悉工作、熟悉团队。你可以和自己的上级、上一任管理者、下属多沟通，了解有哪些重点工作，过去的工作中存在哪些痛点，有哪些事情是过去想做但是还没有启动的。通过调研访谈，可以找出一些用来破局的候选小项目。

第二，形成团队共识。

在确定要突破的项目以后，管理者还需要得到团队成员的认可，如果未经沟通，直接下派任务，难免会引起部分人员的抵触情绪。因此在项目执行前，管理者要和上级取得一致，并通过一对一沟通、内部讨论等多种形式，和团队成员达成共识，让他们看到这个项目对团队、对自己的价值，而不是把项目当成一项任务去应付。

第三，控制规模和时限，推动小项目落地。

在选择项目之前，要控制项目的规模、难度和完成时限，能够在短期内看到结果，才能给大家增强信心。

记得以前我带团队的时候，想争取一个省级奖项，但当时团队在校内都未曾有过获奖经历。我们先从小目标开始，争取在校赛突围，获得市级比赛的资格，进一步了解比赛的规则，积累经验，然后争取在第二年或者第三年，取得省级比赛的成果。

第一次参赛，学校选送优秀代表参赛，经过精心的辅导和培训，我们不负众望，拿到了校赛的一等奖。后来去市里参赛，虽然拿了三等奖，无法进入省赛，但是我们如愿以偿地积累了参赛经验。有了这一次的经历，团队中以前不好意思参加比赛，总害怕表现不好会很尴尬的其他成员也跃跃欲试。在我们取得了第一个小胜利以后，大家都充满了信心，先从零开始，把小目标定在积累经验上面，然后再逐步提升目标，通过持续的小胜利积累大胜利。

阿里巴巴原全国 B2B 直销总经理俞朝翎在《干就对了：业绩增长九大关键》一书中提到了打胜仗的作用："目标上要一致。当有了情感凝聚、思想统一之后，整个团队的关系都通透了，紧密联结在一起。这个时候就需要一个目标释放我们高昂的情绪，加深我们的联结，最好就是打一场胜仗，在胜仗中加深团队的协作和感情，因为最好的团队建设就是打一场胜仗。"

管理者需要帮助下属成长，让他们觉得正在和你做一些了不起的事情，并且不断看到胜利的果实。

打胜仗是最好的团队建设

带团队是个难题。很多人单干的时候没问题，因为自己是业务骨干，"江湖有千斤，一个大侠担八百"，努力的效果很明显；但是成为团队管理者以后就容易遇到很多问题，不知道如何教别人，不知道如何调动和激发他们的积极性。管得松了，团队纪律和氛围就松松垮垮；管得严了，下属可能会不服气。这时候该怎么办呢？如何让团队成员服气？你需要做到这两点。

第一，让他们觉得正在和你做一些了不起的事情。

第二，让他们不断看到胜利的果实。

布置工作的时候，一定要讲清楚这份工作的意义，讲清楚这件事情对组织的意义、对团队的意义，以及对成员个人的意义。

A：小李，去写一份某活动的策划方案，周四下班前交给我。

B：小李，下个月我们要开展一项××活动，这次活动是为了完成公司某重点工作安排的，如果做得好，公司完成某方面的总体目标就更有保障了。这件事情交给别人我不放心，因此我想让你来牵头完成这次活动的策划方案。活动的目的有以下几条……

写策划方案，是独立运作项目的第一步，对你以后承担类似的重点工作是一个很好的契机。完成这次策划，能够让你站在部门的角度去推动公司的重点项目，公司的分管领导也很重视这次策划。

你先思考一下，初稿在周四下班前交给我，这样我有一天的时间来修改，到时候我会喊你一起来当面沟通，帮你把关一下写策划的思路。

通过这两种不同的沟通方式，下属得到的信息量的差别很大，对工作目的和意义的理解深度也会不一样，执行工作的态度肯定会有很大差异。

新任管理者布置工作时一定要讲清楚这份工作的意义，让下属觉得他所做的工作非常有价值。对预期的结果和交付物，双方要达成共识。别认为这样做很麻烦，耽误时间，这是让下属由他人驱动变成自我驱动的关键一步，能让下属在做事时，从追求及格万岁提升到追求良好甚至优秀水准。

我们通常都会在心里定义工作的标准：

他人驱动是交差模式，因为这是在帮助别人完成任务。

自我驱动是标杆模式，因为做事的结果代表了自己的品牌。

如何才能让下属产生更强的自驱力呢？

作为管理者，一定要在工作中不断地积累"小胜利"，让下属看到自己成长的阶段性结果。

就像打游戏一样，刚开始闯关的时候，一定要把难度系数设低一点，即使下属打败了一个很小的"小妖怪"，也要为他鼓掌。士气就是通过一次次小的胜利不断积累的，不要吝啬你的表扬。

比如你发现有个下属的情绪管理能力有问题，总是控制不了自己的脾气，那就建议他写个小纸条，贴在电脑屏幕下方："每天表扬 1 名同事。"然后经常问问他当天有没有做到。如果做到了，你就好好地赞扬他；如果没有做到，就继续鼓励他。

作为管理者，你要经常反思，是自己发现不了下属的优势、业绩、小小的进步，还是发现过他们的优点，但觉得没必要因为这点小事表扬他们？

如果是前者，一定要训练自己多观察，多把自己置身于下属的处境中，去发现他们的优点，肯定他们做得好的地方。

如果是后者，一定要多从自己的角度去思考：我需要做些什么？我能推动什么？带团队不易，这是一场比个人拼命更有难度的修炼。

如何快速完成招聘任务？

记得参加某次培训时，我听一位人力资源总监分享他的招人经验，他任职于一家制造型企业，由于扩大规模的原因，企业需要在 3 个月内招到 600 名工人，那时候他刚上任不久，压力很大。

从时间和规模来看，这是一场硬仗。当时招聘的渠道有很多，包括各大招聘网站、社会招聘会、内部员工推荐、校园招聘、各类传媒招聘渠道、当地工会、人才市场、劳务派遣公司等。

最有意思的是，当时政府部门刚好在会展中心举行了一场大型招聘会，一般单位只租 1 个展位，但是他一次性在显眼位置租了 6 个联排展位，制作了漂亮的喷绘，从公司各部门借调形象气质佳的女员工，让她们帮忙发传单、做引导，吸引求职者的目光。

他提前了解到当天会有电视台来采访，就提前写好并背熟了 3 分钟的稿子，当天也穿得非常正式，还专门剪了头发，打理了一下自己的个人造型。

他说，电视台一定会找一个代表性的企业做采访，因此他做了些准备，他相信主持人一定会关注到他的展位和他本人。就这样，他免费蹭了一个广告，顺利出境，并且拍摄的背景就是他们的巨型喷绘海报。招聘是个辛苦活，既要出力，又要动脑筋。

职场小说《我把一切告诉你 1》讲述了主人公刚加入新公司担任企划部负责人，为了打开工作局面，不断创造小胜利的故事。

无论哪个部门需要我，我都鼎力支援。人家要求 5 天出活，我两天完成。而且谁使唤我都不成问题，哪怕是办公室要给食堂换标语这等不入流的小活，咱都肯接。这主要出于两点考虑。首先，这支团队我刚刚拉起来，必须在实战中尽快提高水平，今后好承接重要任务。其次，帮高管们的忙，其实就是帮自己。我不在老板身边工作，他怎么知道我的能力？只有在基层创出名声，才能让老板和总裁侧目，团队才有出人头地的那天。所以，企划部刚成立，各类设计和策划工作就源源不断涌来。慢慢地，我成为厂里广受欢迎的人了。

长江商学院副院长张晓萌在《韧性：不确定时代的精进法则》一书中提到："不要忽视微不足道的小胜利，只要类似的小胜利持续地发生，边际收益的聚合就会随之而来。"

新任管理者要努力寻找突破口，找到一个具有示范意义的点，带着大家迅速取得成果，帮助团队找到成就感，也帮助自己在团队中站稳脚跟。聚沙成塔，集腋成裘，通过类似的小胜利事件，推动管理工作形成"飞轮效应"。

第2章

成长期：
从管理新手到管理熟手

　　在明确自己的职业规划，勇敢地踏上管理征程，学会盘点工作与制订计划，并取得一些小胜利以后，我们就慢慢从管理新手过渡到管理熟手。管理熟手面临的挑战充满变数和不确定性，我们需要争取上级的支持，构建良好的上下级关系，向下成就自己的下属，帮助他们取得绩效，并在跨部门合作中，积极展现自己的影响力，促使项目顺利推进。

　　在此期间，我们会经历很多困惑，例如，如何赢得团队内部的信任？如何合理规划会议？如何在时间紧、任务重的工作状态中保持情绪稳定？如何处理工作中的各种冲突？如何为自己争取学习的时间？在下属工作不认真、不达标的时候，如何辅导或者淘汰？在繁杂的事务中，如何总结自己的经验和教训？

　　面对以上诸多挑战，管理者需要保持积极的心态，持续成长，不断学习，调整好自己的角色，分配好自己的时间，努力争取上级的指导和下属的支持，不断提升自己的综合能力。

第 1 节
向上沟通：构建成长型上下级关系

你老板最感谢的，其实不是最勤奋的员工，而是为他的关键决定做出完美铺垫的同事。

——产品战略专家、得到 App 课程《产品思维 30 讲》主理人梁宁

新任管理者的心态困境

《向上汇报》一书的作者瑞克·吉尔伯特曾说，一生之中，我们最孤独的时候只有两次：一次是死的时候，一次是向上汇报的时候。

很多新任管理者都有类似的心态，在路上远远地看到领导，特别是公司高管时，通常都会换条路线走；坐电梯时宁愿等下一趟，也不想和领导同乘电梯。不论是正式汇报还是私下闲聊，很多人对领导能躲则躲，特别是基层管理者，很难一下子转变思维方式和工作方式，遇到问题习惯于自己先扛着，总是害怕和上级沟通。

其实，上级是给我们布置工作、对我们进行考评的人，我们从上级那里获取资源、信息、指导，从而顺利推进工作。上级是我们职场关系中最重要的人。

如何对待我们的上级呢？我的观点是要理解与支持上级，帮助上级取得绩效，共同进步、互相成就，构建强强联合的"**成长型**

上下级关系"，而不是"**工具型上下级关系**"或者"**消耗型上下级关系**"。

工具型上下级关系，只是在需要的时候用一下，用完就结束了。口中喊着"兄弟们，给我上"，自己却躲到一边的管理者，实际上并没有把下属当成队友。消耗型上下级关系更加不可取，这让团队中充斥着较劲、防范甚至是冲突、对抗。很多团队不是被外部力量打败的，而是死于内部的纷争。

面对上级的正确心态

上级是我们的战友，而不是对手。《哈佛商业评论》曾刊载过管理专家约翰·科特和约翰·加巴罗的研究，其中有段话可谓一语中的："只要想想这份工作以及如何才能有效地完成它，想想你如何获得你所需要的资源、信息、建议，甚至是继续努力的机会，答案总是指向谁有权力、有筹码——那就是老板。如果不能使这种关系成为一种相互尊重和理解的关系，你就会错过一个有效的推手。"

面对上级时，我们可以从以下角度调整心态。

第一，调整躲避的心态。

很多人害怕和上级沟通，要么担心上级询问一些事情，自己答不上来；要么害怕上级给自己布置额外的任务；要么觉得自己的工作领导都能看得到，没必要经常汇报，习惯等上级找自己。我和一些领导谈及他们对下属的期待时，他们大多都会明确表示，希望基层主管理解一个事实，那就是**上级默认需要管理者主动向上沟通和反馈，而不是不需要**。

有句话叫"光说不练假把式，光练不说傻把式，又说又练真把式"。主动汇报工作能让上级更有掌控感，更了解我们的工作，便于我们向他请教。因为上级掌握更多的公司信息，我们可以请求各类资源支持，帮助自己获得绩效。上级的时间是有限的，给了别人就给不了我们。我们和上级的关系应该像卫星和地面接收站一样，保持信息交互，不要"失联"，不要以为上级不找自己就轻松，没有压力。否则时间长了，上级对我们没了印象，我们就把自己边缘化了。

第二，用上级习惯的方式与之配合。

有个在央企工作的朋友说，他的同事给上级写发言稿，需要停顿的地方都会保留一个空格的间距，方便上级识别，掌握好发言的语气与节奏。这个操作真是细心到令我震惊的地步。作为下属应该尽可能地给上级减负，让上级在这些细节上少花时间和精力，为上级做好完美铺垫。根据上级的喜好和习惯，调整沟通的频率和方式，节约上级的时间和精力，让上级在调用我们的时候，感觉很合拍。

第三，提高上级对我们的掌控感。

追随松下幸之助 30 年的江口克彦在《我在松下三十年：上司的哲学 下属的哲学》中曾经专门谈到过这个话题。他认为："对于上司来说，最让人心焦的就是无法掌握各项工作的进度……如果没有得到反馈，以后就不会再把重要的工作交给这样的下属了。所以要知道，虽然只是一个简单的汇报，却能让你得到上司的肯定。"

第四，面对不同上级，给自己不同的定位。

不同上级的性格千差万别，工作风格迥异，水平也可能参差不齐，因此，我们的适应能力和调节能力很重要。在实际工作中，我们无法确保遇到的每个上级都很靠谱，都能很默契地彼此配合。

公司是宽泛的，甚至是模糊的，但上级是具体的。在大公司里，换团队的感觉就像换单位一样。换了上级就需要重新调整自己。原先我们与前任上级配合默契的做法，现在可能完全失效了，肯定会有一些不适应。因此，我们需要多和当前的上级交流，了解其工作习惯，按照上级更习惯的方式进行汇报，而不是让上级去迁就我们过去的风格。

第五，对上级保持主动、坦诚的沟通。

什么是对上级的坦诚？当上级和我们讨论问题，征求意见的时候，能够把自己的真实想法表达出来，而不是故意隐藏自己的想法，这就是团队应有的坦诚。我们需要给上级提供自己视角的观察，帮助上级掌握更多的信息，以便提升决策的合理性。当上级做出决策时，讨论就终止了。此时不应该持有不同意见，而是坚决执行上级的意图，努力实现既定的目标，这才是团队应有的忠诚。

杰弗瑞·菲佛在《权力：为什么只为某些人所拥有》一书中提到："很多人以为他们知道老板关心什么。但是，除非他们会读心术，否则这可能是一个危险的假定。更有效的做法是，定期询问掌权者：哪些方面的工作最关键，他们是如何看待你应该做的事情的。"

我们做了很多事情，产生了很多思考，却不好意思向上沟通，就相当于我们做了很多菜，但是没有端上来，上级看不到，这就非常遗憾了。

构建成长型上下级关系的方法

在构建成长型上下级关系时，具体应该怎么做呢？以下三点可供参考。

第一，把上级当成我们重点服务的超级客户。

把我们的上级当成超级客户,去了解他,信任他,成就他;把我们的工作当成向这个超级客户提交产品,并请求他的指导,帮助我们完善作品,取得更好的业绩。不要期望上级降低姿态,主动与我们搞好关系,建设与上级之间良好协作关系的责任在我们,而不在上级。就像与客户相处一样,我们不能坐等生意送上门,我们得主动走出去,走近客户。

让上级知道我们的优点,以便他知道把我们放在哪个位置;让上级知道我们的缺点,以便他知道如何规避缺点对我们工作的影响,或者安排其他人来协助我们。

很多管理者担心暴露缺点会影响上级对自己的信任,实际上,如果我们的缺点被隐藏,然后在关键工作中暴雷,那才是最糟糕的"自我展现"。每个人都有自己的优劣势,坦诚表达自己的不足、寻求团队的支持并不丢人。

第二,主动展现自己,并从上级身上学本领。

佩妮莱在《设计你的人生:宜家前总裁佩妮莱自传》中说:"工作表现良好,满怀热忱,做好本分,这些都非常重要,但还不够。我们不能坐等别人来发现我们或等待幸运什么时候从天而降。我们有必要让公司和老板了解我们的个人特质、能力范围和兴趣所在。"

构建关系的责任在我们身上,我们要提高自己的兼容性,以便适配不同风格的上级。帮助上级完成他的目标,多承担 20% 的职责,以便他腾出时间去思考、去争取资源,发现部门新的成长机会。

不论我们跟随哪一个上级,都要从上级的身上至少学到一个本事。同时,我们也要积极地展示自己的优势,包括能够为上级解决怎样的问题、减轻怎样的负担。开放包容的上级,也愿意从下属身上看到可以学习的地方。**互相学习，互相成就，这就是最好的成长型上下级关系**。

我们需要经常思考的问题是可以从上级身上学到什么。不必盯着上级的不足（这是我们需要辅助他的地方），要多看到上级的长处（这是我们需要学习的地方）。试试看，自己能在 1 分钟内快速、准确地说出上级的优势吗？如果说不出来、说不准确，那么我们可能并不了解自己的上级。

从哪些方面可以互相学习、互相成就呢？可以关注这四个方面：工作习惯的培养、工作业绩的达成、工作视野的交流、人生经验的分享。

第三，如何向上级汇报工作？

很多人觉得向上级汇报工作这件事特别难，搞不好容易挨批，有时候也不容易拿到想要的指示或明确的结论。我们在汇报时，一定要有建设性。能否尽快从上级那里得到明确指示，顺利推进下一步工作，充分体现了管理者的工作思路和沟通水平。

一星水准是给上级出论述题："领导，现在遇到这样一个问题，您看怎么处理？"

我们这样提问，巴望着上级在日理万机的同时，还得留出智力和时间来替我们答题，帮我们想解决方案。这样偷懒等指示，不仅不利于自己的成长，还可能会给上级留下我们对工作没有思考的印象。

二星水准是给上级出判断题："领导，现在遇到这样一个问题，我的初步想法是这样，您看行不行？"

能带着一个方案去汇报，让上级判断是否可行，已经算是有自己的初步思考了。但仅仅让上级做判断题还不够，上级可能采纳我们的方案，也可能否定我们的方案。如果否定我们的同时又没有给明确的指示，或者让我们把材料先放他那儿，他考虑一下，那这个沟通就没法画上句号。拿不到指示，下一步的行动计划就会受影响。

三星水准是给领导出选择题："领导，现在遇到这样一个问题，结合当前情况，我初步考虑了一下，大致有三个解决思路。方案一是××，方案二是××，方案三是××，它们的优缺点分别是××，您看我们选择哪一个方案比较好？"

当然，如果事态紧急，我们就别憋方案了，要第一时间上报，边汇报问题边思考方案才更妥当。千万别让问题卡在自己手上，最后错过最佳处置时间，让上级处于被动局面，甚至给公司带来巨大的损失。

要想让工作汇报具有建设性，加快推进工作进度，就不能只当问题的二传手，而要努力成为多项解决方案的供应商。

吴军在《见识》一书中提到："每周，你最好把自己的工作总结成三句话，周一早上汇报给你的老板；每半年到一年，你要有一个让他惊喜的成果。这样的员工，哪个老板都抢着要。"

不要让自己成为失联的卫星，要主动和地面信息接收站定期交互信息。这种主动给上级写汇报、定期展示成果的方式，就是我们让上级拥有掌控感的一种方式。工作中的大多数错误和麻烦，都是因为我们少问或者少说了一句话造成的。

记住，我们和上级沟通的次数永远比我们以为的少一次。

第2节
向下成就：如何辅导下属开展工作

> 管理所追求的并不是改变人、找出他们身上的缺点然后加以修正；管理真正要做的是接受他们的本来面貌，充分发掘他们的优点并且优化利用。
>
> ——《管理：技艺之精髓》，弗雷德蒙德·马利克

成就下属的必要性和紧迫性

有一类管理者，我称之为"追风人"，他们将团队中大大小小的事务都视为自己的职责，必须亲自过问、亲自办理，你常常看到的情景是管理者在追风跑，不是在开会，就是在去开会的路上；不是在打电话，就是在电脑前敲击键盘回复消息。他们习惯于亲自动手操作，恨不得有三头六臂，以便响应四面八方的需求。而他们的下属却像"安静的树"，只能站在一边，看上级做着本属于自己的事情。

为什么不把任务分配给下属呢？"追风人"的答案是下属做不好。为什么不辅导下属呢？他们会无奈地反问："你觉得我还有时间去慢慢教他们吗？"

忙碌，被"追风人"管理者视为工作的隐形法则。做管理的人如果不忙，在这些人眼里是不可饶恕的。这显然是一个恶性循环。成为优秀管理者的标志不是让自己忙到飞起，而是发挥每个下属的

优势去达成目标，这需要管理者停下来去思考，去辅导、激励、协助下属清除工作中遇到的关键障碍。总之，管理者得有足够多的时间花在下属身上，而不是掉进持续做事的陷阱里。

史蒂夫·诺特伯格在《单核工作法图解》一书中提醒我们："忙碌谬论是一种迷信，认为手上的事情越多，人就越有价值。如果预先把日程表填得满满的，预料之外出现的重要任务就无法得到处理，你反而更容易成为其他人的瓶颈。"

每当事情遇到挫折，下属工作不给力的时候，"追风人"可能就会特别感叹，要是有一支能征善战的队伍就好了。实际上，你根本无法在当下带着"未来也许才有的队伍"去打胜仗。特别是在中小企业，你看得上的候选人不愿意来，愿意来的人你可能又看不上。这样的悖论短期是无解的，因此要放弃幻想。你必须得依靠当下的团队去战斗。因此，管理者必须学会辅导下属，通过成就他们来取得更好的团队绩效。这件事情既重要又紧急。

每个管理者都要思考，自己能够给团队带来多大的"管理杠杆"？自己如何帮助下属发挥长处？自己如何为他们服务，帮助他们提升绩效？

记得在 2016 年我晋升中层的任职会上，一位领导在讲话时指出，管理就是服务。这句话我一直牢记于心，管理者是下属的资源，要方便下属调用，给他们创造条件，支持他们，激发他们的创造力。这个方向不能反过来，管理者不能认为自己只服务老板，下属则服务自己。这样的话，管理者就很容易只盯着上面，而不去关心、了解下属，不关心一线问题，不解决实际困难。

一个员工得到的薪酬永远是两份，一份是公司当下发给他的薪酬，一份是上级给他的辅导和培养，这也是他未来的薪酬增长弹性

空间和个人成长空间。

你想领导多大的团队，你就得服务和影响多少个下属。

寻找并发挥下属的优势

很多人不喜欢自身工作的首要原因是工作脱离了自己的专长。在非优势区域磕磕碰碰的时间长了，谁都容易垂头丧气，充满挫败感，这种感觉又会强化自己逃避做类似事情的想法。

如何帮助下属寻找自己的优势？你可以结合他们的专业、性格、过去的主要成就考虑，也可以借助一些测评工具帮助下属了解自己，平时多观察他们在做什么事情时更加得心应手，更容易出成绩。

你要非常明确且多次地和下属强调他的岗位责任、工作意义、优势发挥，让他看到当下的工作对他下一步成长的帮助，而不是只会给他布置工作。

范金在《华为如何培养人》一书中提到："作为团队领导，必要时仍要冲锋陷阵、攻城略地。但是，任正非认为，作为团队领导，更重要的是把自己的部下源源不断地培养成'英雄'，带领团队去打胜仗，而不是自己去当'英雄'。领导者要淡化个人成就感，要注重组织的成就感，太注重个人成就感的人当不好干部。"

管理者要注意发挥所有人的优势，学会识别你的上级、同事、下属的长处，根据长处去谋划布局，排兵布阵。

有一年，我在一位领导手下工作，虽然我属于跨界轮岗，但是她很耐心地指导了我一段时间，带我熟悉具体业务，然后放手让我去做。做得好，业绩是我的；做得不好，责任是她的。我不太喜欢中规中矩地完成常规工作，总想着做点不一样的事情，她也很支持，尽量不干预我的计划，而是给时间、空间让我去验证。她并不是完全不管我，而是让我相信，我可以带来不一样的思路，做出不一样的东西，即使在这个过程中走一些弯路也没关系。有时候我和她讨论一些天马行空的想法，她也不会直接否定，而是鼓励我再想一想，看看哪些事情能先落地，哪些事情实现的时机还不成熟，要等以后再考虑。

当一个人被信任、被支持的时候，不太需要去监管他，他也会成长为你期待的样子。

做教练，而不是做裁判

团队管理者的目标不仅仅是确保任务的完成，更重要的是帮助团队成员提升自我，实现个人和团队的共同成长。这就需要管理者转变角色，从裁判转型为教练。

老张曾管理一个软件开发团队，其中有个编程技术不错的员工小王，但小王常不能按时完成任务，这让老张比较恼火，常常在团队会议上公开批评他，希望其他人引以为戒。老张打着为员工好的旗号，扮演着一个严格的裁判。可惜的是，这样公开批评的次数多了，小王士气低落，并提出辞职的想法，这让老张开始反思自己的管理方式。

老张意识到，他只是指出小王的问题，没有提供任何解决方案和情绪支持。批评，特别是公开的指责，只能让员工的情绪走向低潮。情绪走入了死胡同，人就很少有精力再去反思自己，改进自己。很多管理者习惯于做这样的裁判，给员工做出各种价值判断，贴上各类身份标签。这显然于事无补。

后来老张开始改变管理方式，批评人的时候更多放在私下场合，经常与团队成员进行一对一的谈话，了解他们的优势与劣势、个人目标和工作期望，并承诺提供支持和帮助。老张发现，小王不能按时完成任务是因为对时间管理不够精通，做事顾头不顾尾，于是便和他一起梳理了手头的项目，通过甘特图细化项目时间进度安排，定期回顾项目进展并适时调整计划。老张开始从裁判转型为教练。

此外，老张开始提供更多的培训学习机会，鼓励员工参加外部的培训课程。这些改变带来了积极的效果，小王逐渐能够按时完成任务，甚至可以提前完成某些项目。老张在部门会议上公开表扬小王，小王的工作热情更加高涨。

做教练，而不是裁判，意味着管理者需要观察自己的情绪变化，避免单纯的批评和指责，多关注团队成员的成长需求，为他们提供个性化的支持和辅导，鼓励他们发挥潜力并取得成功。

给下属犯错的机会

有一次，我们单位举办一场重要活动，某部门的主管在主持时犯了一个小错误，这是他第一次做主持。

以前每次活动都由部门负责人主持，下面的年轻主管无法参与进来，年底时，我建议给年轻的主管们机会，让他们逐步站在台前，开始适应这样的场合。

这一次，这位主管主持活动时说错了一句话，虽然不是太大的问题，但是也让下面的听众窃窃私语。单位领导说，还是让部门负责人主持吧，主管太年轻了，经验不足，影响活动效果。部门负责人听到了领导的意见，略显尴尬，没有说话。

我听了以后，和领导说："您说得对，年轻主管们的确欠缺经验，但好在不是什么大问题，后面的流程也没有出现什么纰漏。因此，您看是否继续让他们尝试？您之前也多次强调，一定要加快人才培养，给员工一些容错的空间，就是一种很好的培养。会后我和部门负责人都会进一步加强指导，梳理一下整个流程，再针对容易出错的地方做一个提醒清单，以便将来年轻主管们主持时更加流畅。"

领导想了一下，点了点头。我想起以前看过的一句话，大意是说：怎样才算培养人？**培养人就是你眼睁睁地看着对方搞砸，而忍住干预他的冲动。**

一旦管理者强行介入，虽然避免了员工以后再犯错，但是也中断了员工的学习过程和主动探求的意识，会让他们养成凡事依靠领导审核把关的习惯，越来越不敢做决定。

我看过一个故事，一个公司的经理犯了一个错，导致公司损失了几百万元，这个经理吓得要死，忐忑地等着老板来骂他、开除他。后来老板居然没有找他，他就只好硬着头皮走进老板的办公室，和老板说，自己给公司造成了损失，因此要承担责任，明天就不过来上班了。老板告诉他，公司刚刚花了几百万元来培训他，他连一点业绩都没有产出，就想着辞职可不行，要留下来，好好干！这个经理感到非常诧异，同时又感恩戴德，拼命工作。在以后的几年里，真的给公司赚来了远超几百万元的利润。

犯错是人才成长过程中的必经之路，一定要提高自己的容错度，允许员工在一定的范围内犯错，并且在犯错后及时带他们复盘。很多时候，成长就是踩着一个一个错误走过来的。

埃里克·施密特在《成就》一书中说："要成为优秀的管理者，必须先得是优秀的教练。说到底，一个人的职位越高，他的成功就越取决于能否让别人取得成功。从本质上讲，这也恰恰是教练的责任。"

　　培训的突破，首先源于管理者的自我突破。改变下属，先从自己做起。

辅导的技巧

　　很多好方法，我们不是不知道，而是在需要用到的时候，无法调用。 要么是压根想不起来，要么是只记得零星要点，无法让方法发挥效用。

　　很多新任管理者在经过培训之后，充满信心地走上管理岗位，但是如果真的被丢到那些真实的工作情境中，过去学习的理念、方法、工具就突然都想不起来了，就像学习得不够扎实的学生进入考场时一样，一种焦虑感扑面而来。

　　如何应对这类困境呢？如果你想运用一些沟通技巧，避免按照过去的习惯说话，就可以在笔记本第一页写上一些提示语，在和下属沟通的时候能够方便地调用，例如：

- 关于这件事情，你的建议是什么？
- 还有没有更好的想法？
- 目前你做了哪些努力？效果如何？还能继续改进吗？
- 除了你自己，你还通过其他人（包括你的同事、上级、客户等）或者其他渠道尝试解决这个问题了吗？
- 这个思路挺好的，要是在××方面再做些改善，就是一个不错的方案，你再调整一下试试。

　　前段时间给下属布置工作的时候，我在笔记本上写了几个注意要点，写完后我突然意识到，不能直接告诉下属我的安排，这样就

变成了我一个人思考,而下属照章办事了。于是,我在本子旁边写
了四个字提醒自己:"你怎么看?"这是为了提醒我要先征求下属
的意见和建议,不要直接下达指令。等下次沟通时,我把这个问题
抛出来,给下属介绍了这个问题的背景,然后先询问他的看法。没
想到他贡献了一个特别有意思的视角,补充了一个好建议。最后,
我把他的建议纳入最终的行动计划中,完善了处理方案。

　　**作为上级,在布置工作的时候,不要直接说:"××,就这么
干!"而是要多问问:"××,你怎么看?"**这个习惯不容易养成,
需要管理者多多练习。

第 3 节
跨部门合作：如何推动跨部门项目的进展

处于困境中的人往往只关注自己的问题，而解决问题的途径通常在于你如何解决别人的问题。

——《苏世民：我的经验与教训》，苏世民

找到共赢区域

管理者遇到的很多问题都无法在团队内部得到解决。《影响力密码》一书中提到："无法依靠职权完成的协作型工作才是最有挑战的部分，因为对方和你是平等的，有时甚至更强势，你并没有权力去命令或者要求别人。"

如果你手上的事情需要其他部门配合，就要考虑合作部门的痛点和利益点是什么，这是撬动对方配合你行动的关键因素，你得把"他们"变成"我们"。《像绅士淑女一样服务：丽思卡尔顿创始人的服务心经》谈到了这样一个现象：

几年前，一位商界顾问在帮助过数十家经营不善的公司后，写下了员工言语中最常透露出的两大危险信号。第一种危险信号是员工开始多用"他们"一词，"行吧，他们不会让我们干什么""他们搞砸了""他们就是不明白"，这是部门或上下级之间出现隔阂的征兆。第二种危险信号是员工开始说"我不负责这个"，换句话说就是，"我有自己的专业小圈子，谁也别妄想让我跨出去一步"。

记得十几年前，很多新员工在去找财务报销的时候，报销单据和材料经常被财务退回来，甚至可能要跑好几趟，报销单据和各类材料才能审核通过。新员工吐槽财务审核严格，很多问题不一次性说清楚。财务人员也很郁闷，自己再三提醒，最后他们提交的东西还是不符合规范。

有一次我找到财务负责人，向他反馈了这个情况，说有一部分新员工在报账时遇到一些困扰，看看他能不能组织一次专门的培训，给出一些具体的规范与流程，最好现场演示一下。这样就能够提高报销的审核通过率，也避免财务人员手把手地教每一个员工，既耽误时间又影响情绪。

后来我们发现第一次培训的效果不错，于是就在每年的新员工集中培训时，安排财务人员进行一小时的分享，讲解基本的财务知识，让一些刚入职的新员工主动上台演示如何贴票。这样一来，很多新员工在报销时提供的材料就比较规范了，一次性通过率高了很多。对于财务人员来说，往后在工作中也少费了很多口舌。其实这也是一种转换工作视角，服务内部客户的实践。如果希望跨部门合作更加顺利，你就要提前帮别人想好帮助你的理由。

崔璨在《职场晋升 101》中讲述了一个跨部门合作的故事：

我们有个运营同事，原来做线下活动，人手总不够，自己吭哧做，干不动了才找别人说："我这边有个活动，想找你帮忙借两个人。"然后别人各种为难，他也觉得委屈，后来我让他换个方法。在活动前期，和要借力的人说："嘿，我这边有个活动，可以帮你们多涨 2000 个粉丝，只要你们出两个人就好了。"

这样就把"我找你帮忙"变成了"我来帮你的忙"，真正的借力，不是求助，是互助；不是剥削，是告诉对方，我来给你送福利了。跟不同的人借力，就要给不同的人一个无法拒绝的理由。

如果你需要跨部门合作，但是常常遇到阻碍、推诿等问题，最根本的原因就是你并没有让别人意识到你们是在同一条战线上的。**你眼里的合作，在别人看来可能是一个麻烦事。因此，别人自然不会把你的事情排在他们工作清单的更高优先级上。**

跨部门合作时，不要奢望对方会自觉、主动地配合自己，而要把跨部门同事当成"客户"来沟通，找到对方的关注点和利益点，从而让对方和你站在一起。

减少合作阻力

我曾在一所中学从事管理工作，某次会议上，教务处和采购处发生了冲突。采购处主管说教务处每次提交的采购申请都很紧急，申请后的第二、第三天就要物料，在时间上没有一点余量，一方面打乱了原有的采购计划，另一方面也不利于价格谈判。教务处负责人说，有些事情就是没有办法提前预测的，上级主管部门发通知的时候往往也比较急，没有办法按照采购要求提前一周提交采购申请。

后来我提了一个建议，考虑学校的工作的规律性比较强，每年80%以上的活动都是重复的，举办的时间也相对固定，只需要拉一个每月重点活动表，就能预测大致需要准备的物料，有些工作就可以提前准备。教务处说自己的管理人员大多都是兼职的，根本没有时间梳理这些琐碎的信息。我就提议采购处根据去年的采购记录，把教务处所有的申购项目筛选出来，作为今年的参考资料，每个月提前询问教务处下个月同期是否有类似的需求，以便他们提前在市场上询价。

　　其实，大家只需要坐下来，冷静地把问题想清楚，就会发现很多事情都能够梳理出一种或者几种符合实际的解决方案。怕就怕大家当面不沟通，或者一沟通就抱怨，不是针对问题，而是针对情绪、针对人。

　　有段时间，我负责公司的培训工作。为了给大家留下美好的回忆，我特地请宣传部门的摄影师来给为期两天的培训活动拍照，然后我把我的设想、要求和一些参考图片全部都给了他。这样能够最大化地减少我们的沟通负担，避免发生歧义，摄影师拿到"温馨提示"后，一下子就明白了我们的需求。

　　我找公司的设计师帮忙设计海报、封面等时，通常都会在网上搜索一个自己想要的类似作品并发给对方，给设计师一个初步的印象，让设计师知道我想要的效果大致是什么样的。然后我会把自己的需求用文字分条目呈现出来，尽量减少后期的改动。

　　设计师说，她很讨厌那些需求都没搞清楚，只给个大致方向，然后让自己改了一稿又一稿的人。她和我合作就比较愉快，通常很快就能定稿，后期只不过对细节稍做修改。其实每个人的工作都不容易，返工是效率的大敌，不仅造成资源浪费，更是对人的情绪的高额消耗。

　　跨部门合作，要让对接更加自然、舒服，降低"对接成本"，让别人如沐春风。例如，你给其他部门发送一份表格，不能只把文字、数据写进去，还要注意基本的排版格式，提前点击"打印预览"，检查有无问题，起码做到让别人无须调整就能直接打印，为对方的下一步工作做好铺垫。

提升靠谱指数

有一次参加培训,我和某药业集团的采购总监吴先生聊天,他提到自己日常工作的一个痛点就是控制采购预算,说服其他部门合理规划需求,不要超前超标采购。很多部门想买"奥迪",实际上只需要"奥拓",如何与这些部门的负责人沟通呢?

吴先生说,采购人员要了解公司所在的行业的特点和发展情况,熟悉公司的业务进展,了解技术参数,甚至掌握竞争对手的动态,才能够与业务部门对话。如果仅仅是拿预算、成本来压业务部门,最后很容易陷入沟通僵局。这意味着采购部门需要在背后做很多功课,才能提升自己的"靠谱指数"。

老李是市场部新上任的主管,以往和研发部门交流产品开发的时候,两个部门都是一板一眼地提问、回答,交流得并不充分,经常在项目进行到一半的时候,发现很多问题并没有事先达成一致。

后来,老李换了一种沟通方式,不再通过邮件进行机械地问答,而是预约时间,当面请教。老李把自己发现的市场机会和分析材料分享给研发部门,请研发部门站在他们的角度进行评估,看看自己需要提前知晓并准备哪些信息,以便和潜在客户更好地交流。看到市场部这样坦诚地交流,并且提前做了很多准备,研发部门也非常愿意分享自己的信息和思考。通过面对面交流,老李获得了更多的信息。

《巴拉巴西成功定律》一书中曾经提到面对面交流的红利:"电子邮件是最没有价值的交流方式,因为它太有效率了。在大家都知道的饮水机旁闲聊(从管理者的角度来看是浪费时间)才是真正起作用的。"

拒绝无理要求

如果你的下属因为不好意思拒绝别人，从而影响了工作节奏，怎么办？

以前刚到某个新部门不久，有下属跟我反馈说，总有一些其他部门的同事给她交代一些事情，让她去协助处理。其实有些工作他们部门内部就能消化，作为行政部门的工作人员，她总感觉不好意思拒绝。因为帮别人做太多琐碎的事情，她自己的本职工作很容易受影响；更要命的是，这特别容易干扰她的情绪，导致她急躁、郁闷，但是又无力改变现状。

为了保护和稳定她的情绪，我告诉她下面两点。

第一，当你正在做自己的工作时，如果接到了一些临时性的任务，你可以判断一下这个任务是否必须由你协助。你可以和对方沟通，表示希望在完成自己手头的工作后再去协助，因为你现在有紧急的任务要完成。

第二，当对方依然想强行给你施加压力的时候，你可以告诉对方："抱歉，这个急活是领导安排给我的，今天就要结果，我必须抓紧时间完成，我现在没办法帮助您，要不等明天上午我去找您？如果您的工作当下很着急，就只能辛苦您和我的领导协调我的时间。"

这样她就能拒绝一部分人，如果对方找到我这边来，拒绝别人的工作就移交给我来处理。别人合理的要求，我会尽量协调，不合理的要求，我会直接给下属当挡箭牌。慢慢地，其他人知道了我们部门的工作风格，有什么事情都会提前给我打招呼，我会根据部门下属的工作情况，做出合理安排。

不好意思拒绝别人，总把活揽到自己身上的人，可以学习陈海贤在《了不起的我》中提到的课题分离原则，帮助自己走出不敢拒绝的内心困境："用课题分离的思路来理解，别人遇到困难，提出请求，那是别人的事；可是接受还是拒绝，那是我们自己的事。不能因为自己拒绝起来有困难，就抱怨同事不该提请求。如果我们选择拒绝，别人怎么评价，那又是别人的事了。它既不是我们能控制的，也不是我们能剥夺的。因此，别人怎么评价我们，不应该成为我们的行事准则。"

我以前遇到一位同事，他整天忙得晕头转向，被他人委托的杂事耽误时间和精力，本职工作也不见起色，领导的脸色也越来越难看，我就反问他："别人都好意思开口麻烦你，你为什么不好意思拒绝别人？"

不知道是我这句话起作用了，还是他真的忍受不了这样的情况了，他后来转变很大，性格也硬朗多了，逐渐把时间的掌控权拿了回来。

如果一个人真的在乎你、尊重你，他首先就会尊重你的时间。不要想着当人人都喜欢的橘子，希望得到所有人的好评，这不现实，反而会弄巧成拙，丢失了真实的自己。

第 4 节
信任: 如何提升团队内部的信任度

经理只是个头衔, 下属的认可方能造就领导者。

——《成就》, 埃里克·施密特

"对人一块一, 对物九毛九"

记得有一年部门组织团队旅游, 找了几家旅行社谈报价, 在综合比较之后, 我们部门领导并没有往死里压价格, 这和他平时买东西喜欢砍价的风格大相径庭。当时我们问他, 为什么不再让对方降低价格? 领导说, 买东西可以砍价, 但是买服务就要悠着点, 价格压得太狠, 对方就会在提供服务的时候偷工减料, 本来旅游是一件高兴的事情, 如果因为旅行社安排时有所怠慢, 导致大家体验不好, 就不划算了。

后来我在《华杉讲透〈论语〉》一书中读到这样一个故事:

一位当世中国的最佳雇主, 是我的好朋友, 他跟我说过一句话:"对人一块一, 对物九毛九。"意思是说, 一块钱的东西, 我砍价到九毛九, 它还是一块钱的东西, 价值不变; 一块钱的人的服务, 我砍价到九毛九, 人家心情就差了, 服务价值就可能打折, 所以我不砍价, 我给他一块一。

在对待别人 (包括下属) 的时候, 以"对人一块一, 对物九毛

九"为原则，就能够解决绝大多数的人际关系问题。

对于管理者来说，为下属营造更好的工作氛围，给他们做好服务保障，帮助他们解决工作推进中的障碍，提升他们工作的愉悦感，是提升团队凝聚力、构建信任关系的重要保障。

记得我之前看过的一个案例，某医院领导对放射科管得很严，生怕员工悄悄给自己的亲朋好友拍片子不收费，经常提醒员工注意这方面的纪律要求，后来干脆让员工承包科室，让员工自己购买所有耗材，这样的话就不担心员工不收费了，因为成本是由员工自己承担的。医院领导把员工当贼一样防着，毫无信任可言，让员工非常郁闷。其实，领导大可给一线员工几个免费的权限，这样做的话既能让员工感到被尊重，又能解放自己的注意力去做更重要的事情。

以前我新到一个单位负责行政部门的工作，当时团队的士气比较低，部门内部分工不太合理，有的员工的工作量很大，有的员工很清闲，甚至有的员工不接受工作安排，只做自己那一点点活，临时性的工作只能平摊到另外几个人身上。

我去了以后，经过几次谈话，了解清楚情况，也和分管领导进行了汇报，淘汰了问题员工，扭转了部门风气，为承担了额外工作任务的员工申请了加薪。虽然部门没有增强人手，但是大家的干劲更足了，避免了"劣币驱逐良币"的现象发生。

有工作任务需要加班的时候，我陪着大家一起加班。每天早上我会提前一小时到达办公室，计划好当天的工作，和团队成员做好沟通协调，并及时对他们的工作结果进行反馈，帮助他们梳理工作思路。对于跨部门沟通中出现的问题，我会积极帮助他们去协调。需要我出面推动的工作，我会及时给予响应，让下属们的工作进展更加顺利。

为了解决过去留下的历史问题，并多做一些创新性的工作，每天晚上我都走得比较迟。下属们看到我这么拼，自然也不好意思懈怠，他们看到自己的部门负责人是一位愿意带头做实事、愿意教他们本事、愿意为他们谋发展的人，团队之间的信任度很快就提升上来了。

提升熟悉度

很多管理者 70% 的精力可能都花在了内部合作上，包括布置工作、培养共识、指导下属、交流协作等。对于新上任的管理者，我有下面几点建议。

第一，和团队开展一次自我说明会，给大家一份自己的"使用说明书"，因为刚开始别人不了解你，配合起来难免出现问题。如果提前讲清楚你过去的经历、工作习惯、你的优势、你的不足、你能够给大家什么支持、你希望下属在哪方面支持你、团队接下来一段时间的目标是什么等，就能缩短磨合期。

这样的沟通不能省略，特别是对于进入新团队的管理者来说，更需要增加彼此之间的了解。不要觉得下属会自动了解你是怎么想的，纵然别人会在以后的合作中逐步了解你的习惯和风格，但缩短这个过程能够展示自己的坦诚，更快赢得他人的理解和认可，减少后期合作过程中的误解。

作为团队管理者，对自己的团队一定要坦诚。电视剧《亮剑》里有个情节，独立团政委赵刚到任的时候，李云龙由于以前一直比较抵触政委对自己工作的干扰，就不太搭理赵刚。有一次他私自调动部队去抢皇协军的战马，被赵刚知道并追问后，特别坦诚地说了一段话，对话如下。

　　李云龙：赵政委，你听说过新一团么？

　　赵刚：听说过，听政治部的同志介绍过，你李团长指挥新一团击溃坂田连队，击毙坂田连队长。咱们部队谁不知道你李团长的大名。

　　李云龙：我刚接手新一团的时候，部队还没有形成战斗力，部队缺少训练，战士缺少实战经验，最关健是缺少武器装备，轻机枪全团不到十挺，重机枪一挺都没有，步枪是老套筒，汉阳造，膛线都磨平了，就这样，两个人都分不到一支枪，我去找旅长，你猜旅长怎么说？

　　赵刚：旅长怎么说？

　　李云龙：旅长说，要枪没有，要命一条，你李云龙看我的脑袋值几条枪你就砍了去，拿去换枪。

　　赵刚：那你怎么办？

　　李云龙：我也是这么说呀，我说旅长啊，我好歹也是堂堂正规军的团长了，总不能连县大队都不如吧，这不是砸咱们师的牌子嘛，你猜旅长怎么说？旅长说：我有装备我要你干什么啊，你既然有能耐当团长，你就有能耐出去搞枪，要不然你就回家抱孩子去。别在这给我丢人现眼！

　　得嘞，我等的就是这句话！让我搞枪，没问题啊！可是你不能给我戴紧箍咒啊，对不对？你总得给我点自主权吧，不能什么事都让你大旅长占了啊！又想让我搞枪，又想让我当乖孩子，这叫不讲理！

　　李云龙就这样把赵刚说服了。如果没有这番推心置腹的沟通，赵刚不理解一线的苦衷，万一引发团长和政委之间的冲突，影响合作，就会对部队的战斗力造成重大影响。在企业也是一样，管理团队要保持坦诚精神。

以前我刚到一个单位担任部门负责人，某个周一早上刚上班，一个下属就急匆匆地来汇报，说今天上午必须要向某一个上级单位提交一份报告，当时我就很震惊，我问对方："是刚刚才收到通知的吗？"

他说："不是，星期五下班以后，主管部门在微信群里发的。"

我问："周末怎么不打电话给我？"

他说怕打扰我周末休息，听了这句话我特别无语。你看，下属周末是没打扰我，但是周一给我来这一出，反而干扰了我正常的工作节奏，打乱了当天的工作安排。这是谁的问题呢？是下属的问题吗？不能怪他，这是我的问题。因为我没有和他提前交代遇到这类事情如何处理。下属根据过去的经验，觉得不应该打扰领导周末休息，但是我认为处理突发工作任务更重要，因为即使我周末没有被打扰，接下来我的工作节奏也可能会被打乱，让我付出更多的时间成本。

后来我在开部门例会时跟下属说，哪怕是晚上十二点，如果有急事一定要打电话，千万不要让事情过夜。因为有些事情一旦过夜或者拖延几天，原本很简单的一件小事就会变成一个大问题，会增加解决成本。

第二，建议你看一看下属的档案，最起码要从人力资源部门要一份详细的花名册。下属的年龄、学历、专业、籍贯、家庭情况、工作履历、长处等，你都要了解清楚。因为你需要分配任务，给下属安排合适的岗位与职责，规划他们的发展路径，帮助他们扬长避短，因此你必须了解每个人的特点、优势和不足，这样你才能更好地调兵遣将。

　　团队管理工作，实际上就是招兵买马（招聘）、训练演习（培训）、调兵遣将（配置）、沙场征战（绩效考核）、论功行赏（员工激励）、人员调整（劳动关系）。 这也是人力资源的核心工作模块，管理者都应该学习一些这方面的管理知识与实操技能。

　　对于空降的管理者来说，更要重视团队信任关系的建立。除了自己的直接上级以外，第一个应该重视的内部伙伴是 HR。从 HR 那里获取支持，能够更好地帮助你了解企业文化、内部流程、其他业务相关团队的特点，让你少走很多弯路。

学会让下属催促你

　　很多组织都存在一个不太好的默认规则，就是大家都不好意思去催促领导。每当下属自己的工作需要领导给决策、给支持、给反馈的时候，总觉得自己把请示内容发给领导就行，至于他什么时候回复，那就只能看天意了。

　　领导的工作并不以下属的优先级为准，他们会按照自己的节奏来处理工作，需要他们决策的事情太多，有时候忘记某个下属的请示，或者忘记修改某个下属提交的方案，这太正常了。下属在工位等了半天，也揣测了半天，是领导对自己提交的材料不满意？还是别的情况？

　　下属很容易忽略一件事：**工作的本质不是完成某个动作，而是拿到结果。**

　　我在工作中反复和下属强调，如果我没有及时回复，一定要尽快提醒我，甚至可以在截止时间前来到我身边，提醒我查看资料、给出结论，如果我不给答复就赖着不走。如果我在出差，请给我打电话，晚上也没问题。

　　同样的，我在工作中也时常去提醒领导，某些事情该拍板了，这样我们才好去执行。重要的事情当面商量，急事可以电话沟通。别怕领导认为你催他就是不尊重他。你想想看，如果因为你没有提醒领导，或者提醒了领导但是没拿到结果，没让某项工作顺利地在既定时间内按照既定流程得以执行，领导会怎么看你？

　　当然，在工作中要学会对常规工作进行书面流程确认，得到领导授权后，在没有例外的情况下，就可以照此执行，而不是所有事情都去问领导。

　　作为管理者，要和下属事先达成共识，推动工作时一定要及时沟通，不能让"等领导回复"影响工作的关键进程。你多多强调这个原则，下属以后遇到问题时才不会纠结是否督促你做出决策。

　　总之，作为下属，你要敢于从上级那里拿到结果；作为上级，你要和那些不太擅长沟通、不好意思催促你的下属反复强调。**推动和完成工作是第一要务，而学会催促领导是完成这一要务的必经之路。**

　　不要小看了催促这个动作，这是增加交流、赢取信任、达成目标的必经之路。

第5节
会议：面对会议太多的困局，该怎么办

会议时间越长，成就感越低。

——苹果公司 CEO 蒂姆·库克

会议的困局

职场人对会议冗长、无效的控诉实在是太多了。有一本书叫《如何开会不添堵》，书中预估职场人一生中有超过 6000 小时在开会："把 1 年算作 50 个周，假设工作前 10 年，每周开 1 次会，每次开 1 小时；工作第 10 年到第 20 年，每周开 2 次会，每次开 2 小时；第 20 年到第 30 年，进入决策层之后，每周开 3 次会，每次开 2.5 个小时，那么在 30 年的职场生涯里，我们开会的时间是 6250 个小时。"

有管理者说，自己几乎每天都在开会，会后就是各种执行、检查工作，根本没时间停下来思考。如果兼任多个职务，每天就是会赶会、事赶事，自己没时间停下来关注团队的发展和培养、业务流程的优化，不知道啥时候是个尽头。

为什么很多管理者不是在开会，就是在去开会的路上？会议的本质是什么？如何区分常规工作（需要机制和流程）和例外工作（需要会议和讨论）？这些困局值得管理者，特别是高层管理者关注。

很多大公司、小企业都在探寻各自的解决方案。我在教育系统工作多年，来自组织内外部的会议不少，有时候也颇为苦恼。有一次，我听一位知名教育局局长的分享，他说自己特别讨厌文山会海，上任以后，他重新规划了当年的各项会议，需要各个学校校长参加的会议，一年只安排 6 次。其他所有工作安排都以通知的形式下发，并且给出具体的方案、操作流程和注意事项，这比开会时传达信息效率更高。发布通知时，明确告知各个学校教育局下来检查或抽查的时间。这样能给各个学校充分的时间用于实际工作，而不是在来来回回的路上和会场上浪费时间。这位局长的做法受到大家的一致好评。

作为上任不久的管理者，也许你无法改变公司的会议机制，但没关系，你可以多观察现有会议模式的优缺点，在自己可控的团队范围内进行优化。

会议的本质

会议是制度和流程之外的补救机制，工作没有办法推进，无法按照现有程序继续走下去时，大家才需要在某个时间点就某些问题进行研讨。 在会议上，大家得出一些结论，做出一些决策，最终让工作推进下去，形成会议闭环。

其实会议的成本是很高的，绝不是很多人认为的"耽误大家半天时间"。我们可以用一些公式衡量会议成本：

会议成本 ＝ 直接成本 ＋ 时间成本 ＋ 机会成本。

直接成本 ＝ 会务成本，即为本次会议准备的各种文件、物资、茶点、用餐、用车、住宿等支出。

时间成本 ＝ 参会人数 ×（与会者准备时间 ＋ 与会者在途时间 ＋ 与会者参加会议时间）× 参会人员每小时平均工资。

　　机会成本＝潜在的效益损失，即本来可以把开会时间用来处理其他业务或者发掘其他机会的损失。例如，在会议过程中，未及时接听重要客户的电话而损失收入，由于未及时处理客户的投诉而丢失一批客户，由于未及时处理突发事件而造成损失，因为参加会议而放弃的其他工作安排和机会，等等。

为什么很多事情都被拿到会议上进行讨论？

　　第一，问题解决机制不健全。

　　工作任务都是一道道待解的题目，在过去，人们形成了很多解题思路和参考答案。但遗憾的是，因为人员变化和缺少经验积累与继承的习惯，很多相同或类似的题目被重复解题，让很多人陷于低水平重复建设的循环中。也正是因为会议多，很多人有了依赖会议解决问题或者上报问题的习惯，忘记了还能用机制自行解决问题。

　　团队管理者应该在常规工作之外留出时间去思考，并优化机制和业务流程，避免过于依赖会议解决问题。

　　第二，执行者没权限。

　　很多事情已经有了初步方案，但是需要各方面参与支持，特别是跨部门合作项目。因此不得不通过召开会议的方式进行分工协调，特别是给项目牵头人、执行者授权。

　　第三，执行者没思路。

　　有些管理者不知道怎么做的时候，就想着召集一次会议，听听大家的意见，找找灵感。如果缺少工作思路，可以单线沟通，寻求建议，也可以参考过去经验，结合同行业案例、直接领导的指示，拿出解决方案。

第四，执行者害怕担责。

有些管理者不敢做决定，或者没有权限做决定，大事小事都送到会议上讨论，把它们变成集体决策的产品，即使以后出错了，也不是自己的责任。这需要各级管理者，特别是老板、高管给予执行者尊重、包容、信任的工作氛围，支持执行者在所负责范围内自行做出决定。当出现一些问题时，可以安抚和鼓励执行者，不至于让执行者提心吊胆，担心个人发展受影响。

第五，执行者缺乏权威或信心。

执行者因为自身职级或经验等问题，缺乏信心，需要通过会议等方式来树立权威，得到支持和背书，以便推动工作更快落实。这也可能是很多组织习惯先看执行者的身份，再去确定自己响应速度和质量的模式导致的问题，组织没有形成"以事为导向"的工作思维模式，而是习惯"以人为导向"，从而导致很多工作只有不断升级才能得到重视和响应。

如何优化会议的频率和效率？

第一，对召集会议保持敬畏。

学会计算会议成本，每次想召开会议（特别是较大范围的会议）的时候，要充分考虑会议的成本。非必要，不开会，克制用会议推动工作的冲动。人人都保持这样高度的责任感，尊重他人的时间和精力，就能减少 30% 左右的会议。此外，会议的组织原则应该是为了高效率地讨论问题，并形成决议和行动计划，而不是过度考虑场面布置。

第二，对会议进行瘦身。

有些问题如果可以在小范围内定夺，就没必要安排太多人参会，可以对会议进行瘦身。要注意避免"陪会"现象的蔓延。原本需要 50 人参加的会议，实际上真正参与决策的人可能只有 5 个人，只需要这 5 个人一起商议，拟定决策，然后把相关的决策意见写成文档或任务清单，分享给其他 45 人即可。接下来的任务就是根据决策文档，逐一按照时间节点去检查任务的完成情况。

第三，对参会人员的数量进行约束。

不少参会人员在会前不知道会议议题，不知道自己需要在会上做什么、讨论什么，直到会前 10 分钟或者等主持人开场后才知道具体情况。如果缺少前期准备，讨论的质量就会受到影响。因此，在会议召开前至少一天，会议组织者或者主持人应该把需要讨论的议题和材料提前发给参会人员。针对需要做出决议的事项，应重点提醒相关领导和参会人员。

第四，对会议模式进行调整。

1. 非必要，不做 PPT。

有公司开会不允许用 PPT，要求一律用 Word 文档，而且不能超过 6 页。为什么用 Word 文档？因为 Word 文档没有那么多形式上的设计，能让人集中注意力进行阅读，同时可以防止很多部门为了自我表现，在 PPT 设计上耗费过多时间。

2. 借助各类电子工具和 AI，提升会议效率。

市场上有很多软硬件产品，可以将参会人员的发言直接转换为文字。我们还可以借助 AI 做数据分析、报告撰写和会议纪要。

3. 尝试小范围站会。

人数在 10 人以内的小会议，可以考虑用白板讨论 + 站会的模式。大家快速讨论，集思广益，在白板上写写画画，形成一个思路框架，然后由相关人员整理成行动方案并快速执行。

第五，明确约束会议的结束时间。

很多会议有开始时间，但没有人知道结束时间，这也是影响会议效率的关键因素。为了提高会议效率，有些企业要求在申请会议室的时候，务必写明会议的开始时间和结束时间，一个会议不得超过结束时间 20 分钟，否则会议室就开放给其他人申请使用。明确结束时间的会议有以下几个难点需要应对。

1. 会议组织者需要精打细算，仔细分析每个议题的时间，在会前和相关人员做好充分的沟通。

2. 会议主持人需要在现场严格把控会议进度，及时催促、叫停一些人的发言。

3. 参会者需要在会前拿到详细的会议资料，了解会议议程和自己发挥的作用、是否要发言、发言时长等。

4. 与会领导需要带头遵守规则，严格控制发言时间，积极支持和协助主持人促进决议的达成。

第六，让会议思考和决议形成可复制的工作机制与流程。

管理者要珍惜会议讨论的成果，重视与会领导、专家的意见和建议，尽可能地将会议决议以工作方案、参考材料的形式固化下来，在后期遇到同类工作时进行借鉴和运用。

约翰·康特在《如何管好自己（第五版）》中建议："尽量定下自己能够参加会议的固定时间并广而告之，这可以防止不期而至的会议打断正常工作，以致需要几个小时的集中工作才能完成的任务无法进行。"

同类问题不重复开会。把会议思考和决议转换成工作机制和流程，用于指导实际工作，解决常规问题的困扰。工作机制和流程可以每半年进行一次升级和优化，确保符合当前形势的需要。

第 6 节
学习：每天都很忙，没有时间提升怎么办

你可以拒绝学习，但是你的竞争对手不会。

——通用电气原 CEO 杰克·韦尔奇

拿着旧地图，找不到新大陆，过去的经验并不能帮我们解决当前遇到所有问题。当今世界的发展速度超越以往任何时候，在这个号称 VUCA（易变、不确定、复杂、模糊）的时代，企业的发展面临着许多前所未有的新问题，对于管理者，过去有效的管理手段正在失灵或者已经失效，管理者需要通过持续学习，不断更新自己的管理理念和方法。

定义"最小学习时间单位"

管理者通常都很忙，学习这件事的优先级会被放得很低，总是为其他事情让道。如何克服把学习时间不断推后的情况呢？

首先，你要学会定义自己的**"最小学习时间单位"**。有人认为，学习必须在无人打扰的环境中完整地学习 2 小时以上，这是来自学生时代的习惯，把很多可以利用的零散时间排除掉了。工作以后，你很难保证有大段的独立时间，即使下班以后，也有很多家庭事务要处理，因此需要重新定义学习时间。

不要以小时为单位去安排学习，而是以分钟为单位去推动学习的落地。

例如，5 分钟可以看一篇专栏文章，15 分钟可以读 10 页书，30 分钟可以写一篇短文。不要小看这几分钟的安排，如果你对时间单位有清晰的认知，那么就你很容易规划当自己拥有几分钟的时候可以做些什么。

别担心 5 分钟的学习时间太短了，哪怕只能学 5 分钟，也有 5 分钟的收获。更常见的情况是，当你真的拿起书本学了 5 分钟，你会不自觉地继续学，也许会学 15 分钟、半个小时，甚至一个小时。

吴军在《元智慧》一书中说过："下班后做什么，几乎决定了一个人的职业发展速度。很多人下班后回去聚餐，或者和几个朋友去喝啤酒、打游戏，毕竟累了一天。我身边很多人也是这么做的。不过，如果你能利用好每天晚上的时间，你的人生将会完全不同。我本科毕业后，每天晚上到家和大家一样累，但是我会看书学习 4 个小时，每天如此。"

学习这件事不怕慢，就怕站。管理者可以构建自己的最小学习时间单位，用搭积木的方式，拼起来一个完整的学习周期。

管理者的五段学习法

以前刚开始做管理的时候，我也常常以忙和累为由拖延学习安排。但让我好奇的是，我身边有些管理者既能做好工作，又能不耽误学习，考取在职研究生、发表高级别论文、提升职称，都不在话下。后来我和很多人聊过之后才发现，他们很擅长在日常工作和生活中挤时间。我总结了一下，他们常常在五个时间段规划学习安排，我称之为"五段学习法"。

第一，早起时间段。

对于管理者来说，上班的节奏一般都比较快，下班后虽然想学习，却总是感觉疲惫，再加上要处理一些家庭琐事，更容易直接躺平，把学习这件事一再推后。如果晚上回去之后精力跟不上，习惯看电视、刷手机，效率很低，不如调整生物钟，争取晚上十点半前睡觉，第二天早上五点左右起床。我采用的办法是买一个智能手表，设置早晨五点半开始震动，这样既不影响家人，又能及时把自己叫醒。早晨刚起床时精力充沛，没有人打扰，可以赢得一个小时的高效学习时间。

第二，通勤时间段。

上下班路上的时间完全可以被利用起来。如果是自己开车，可以在车上播放音频，例如得到 App 或者其他音频内容。如果是坐地铁或公交车，可以听听音频，看看电子书，或者用手机便签记录自己的思考。

第三，早鸟时间段。

我每天通常会提前半小时至一小时到办公室，这样能避开早高峰，节约通勤时间。到达办公室以后，还可以读会书。别小看了这点时间，基本上两周左右就可以读完一本书。很多人习惯于踩点到单位，不仅在通勤上多花了时间，万一迟到还会影响心情，急匆匆赶到工位上，还需要一段时间才能进入状态。如果提前到单位，就可以早点进入工作角色，让自己获得更多的掌控感。

第四，睡前时间段。

记得十几年前我刚上班时，有一次和单位的财务主管聊天，得知她的一些个人成长故事。她早年在单位工作很忙，但是也不忘学习。那时候单位的同事都没有什么进取心，干好本职工作就行。但她不一样，她每天下班回家，安顿好孩子，到晚上 9 点以后才有点个人时间，她没有选择看电视，而是躲在书房里看书，考注册会计师，几乎每天晚上都要学习到十二点左右。她花了四年时间考完所有科目，成为单位里第一个拿到注册会计师的员工，后来她的职业发展速度明显超过了很多同事。你也可以在睡前看会书，既能提高阅读量，又能"催眠"。

第五，周末时间段。

周末可以给自己留出半天时间学习，在不被家人打扰的书房里学习，或者去社区图书馆学习。这种方法特别适合学习某个专题、考试复习、项目攻坚。把自己的周末学习时间固定下来，其他事情安排到另外的时间，确保这段时间优先用于学习。

如果能用好"五段学习法"，一周下来，保证每天平均有 1 小时的学习时间完全没有问题。如果做不到，也不必焦虑。只须把任务难度降下来，读 10 页书有难度，那就读 5 页书，读 5 页书也有难度，那就只读 1 页书，直到我们能够轻松地完成任务。

博恩·崔西在《烧不死的鸟是凤凰：12 个步骤带你重塑职业和生活》中说："每天阅读你所在领域的书 30 ～ 60 分钟，这将相当于每周阅读 1 本书，每年阅读 50 本书。当你开车从一个地方到另一个地方时，在车里听音频课程，这将相当于每年额外学习 500 ～ 1000 个小时。参加研讨会，参加你所在领域专家的课程。某一门课程中的某个想法也许可以帮你少奋斗许多年。"

需要注意的是，不要用碎片化的时间随便学点什么，而是要把完成某个学习项目作为阶段性任务，然后分解成多个小任务，并利用碎片化的时间逐一完成每个小任务，**让碎片化时间为体系化学习服务**。

学习前要准备好这四件事

第一，明确学习目的。

首先要问问自己，学习是为了什么目的？是为了达成什么目标？例如，是为了接下来一两年的晋升，还是提升学历，考取证书？是为了学习一个业余技能，提升自我修养？还是看到别人都学习而产生了焦虑？只有搞清楚自己希望通过学习获得什么，才能规划好接下来的学习安排，分配学习时间。

第二，创造学习环境。

回到家以后，家中的环境是非常舒适安逸的，有沙发、电视、手机，很容易放松自己。解决的办法是给自己创造一个适合学习的环境。有一个朋友家在装修时，没有在客厅放置电视、沙发，只买了一张长条桌，他们和孩子可以一起在长条桌上读书、学习。有了这样的布置，自然能够形成学习型家庭的氛围。

第三，屏蔽学习敌人。

目前来说，学习的最大敌人就是手机，你需要尽可能地少用手机，而不是让手机始终占领自己的注意力。不要试图合理使用手机，这很难做到，最好的办法是让手机离自己远一点，例如放在房间的某个角落，保持静音。

第四，设置学习奖励。

学习很可能是枯燥的，因此需要自我激励。你可以根据自己的学习目标确定学习的天数，然后在一定的时间段内，或者取得了阶段性的成果时，设置一定的奖励。例如连续学习一周，奖励自己买一本书；连续学习一个月，可以买一件衣服；完成了当前的学习目标，可以买一个自己喜欢的电子产品，等等。

学习是需要耗费体力和脑力的事情, 你必须在明确的目标的指引下, 利用合适的时间、合适的环境, 排除一定的干扰, 推进学习进程。

把大目标切换成小任务

有一次, 负责宣传工作的主管和我说, 他要写一篇 3000 字的稿子, 觉得很有压力, 三天过去了, 一个字也没写, 总想着往后拖延, 但是这件事又不能不做, 一直挂在心里, 每天都焦虑。我告诉他, 如果尝试着把这个大任务进行分解, 就会发现其实很容易完成任务。

首先, 要确定写作的主题, 这篇稿子是给谁看的? 目的是什么? 想表达的中心思想或结论是什么?

其次, 把 3000 字的稿子拆成 4 ~ 5 个模块, 你只需要先写 4 个模块, 每个模块 600 字, 就完成了 2400 字的基础目标。你可以每天只写一个模块, 完成 600 字, 这样你的压力就会小很多。600字也就是两三条微博的字数, 完全没有压力。

最后, 再结合写的主题和 4 个模块, 给稿子拟一段开篇内容, 例如背景介绍或者是引导语, 再写一段总结收尾的文字, 3000 字的稿子就完工了。

他听我这样一说, 心理压力就小了很多, 当天晚上就完成了两个模块。他说自己本来只想写一个模块, 但是写着, 写着, 后面又有了新的灵感, 就完成了两个模块, 后来他三天就写好了这篇稿子, 顺利地完成了任务。

组织理论学家卡尔·韦克曾说:"人们找到可行的解决方案, 不一定因为一开始就有好的计划, 而是因为他们开始行动, 并从中学习，最终得到具体有效的成果。"

　　很多时候，我们被那些看起来很难完成的事情吓住了，只要我们善于分解任务，甚至可以利用碎片化时间就完成一个大任务。你在排队时可以思考稿子的标题，在地铁里可以写几百字的模块内容。你几乎完全不需要拿出大块的时间，就能在三五天的时间里，完成一篇质量还不错的 3000 字稿子。因此，**有时候并不是任务太难，而是我们给自己设置了太多的心理障碍**。

　　每一次的工作任务其实也藏着学习机会，每当我们完成一项重要任务时，就可以总结出一套经验，以后在处理类似事情时就有了经验。我在工作中常常鼓励同事，把自己做过的小项目提炼成一套别人可以复制的模板、清单，开发成一个小型培训课程。通过分享和交流，教会别人，以教为学的学习效果是最好的。

第 7 节
情绪：如何调节自己的工作状态

从自己身上找问题，一想就通；从别人身上找问题，一想就疯。

——中国教育学会副会长、教育家 李希贵

情绪问题的来源

除了工作本身的难度以外，情绪问题通常是我们工作效率的第一敌人。

作为管理者，饱受情绪上的压力是家常便饭，这些压力来自四面八方，通常出现在以下几个场景中。

1. 日常情绪：在工作中因为各种原因与他人发生冲突。

2. 特定场景：例如公开发言时感到紧张。

3. 任务冲突：某项工作压力大，让自己感到焦虑。

4. 意义缺失：找不到工作的意义和价值，情绪低落。

5. 特质冲突：个人特质与工作岗位要求的特质相冲突。

有些情绪问题像流感，很容易在团队之间传播。 如果是团队领导的情绪问题，传播的速度会更快，没有人愿意试图接触处于烦躁、发怒状态的领导。

每个人都会受到情绪的影响和支配，那么管理者应该如何降低负面情绪的影响？

有一段时间，我把"弱者报复，强者原谅，智者忽略"这句话设置为手机的锁屏，每天都会看到好多次，潜移默化地影响自己的情绪调整，让消极的情绪悄悄流走。

接受现状

有个同事向我吐槽，现在的团队不好带，特别是新到一个部门，有本事的下属，不怎么听话；听话的下属，本事又不大；有些员工只做分内事，对其他工作漠不关心，激发不了他们的斗志。队伍难带啊！

我说，带队伍让人操心，但再难也没有《西游记》中的唐僧难。想想看，西天取经的唐僧的哪个徒弟不是半路捡来的？唐僧的战斗能力为0，甚至是负值，因为他经常拖后腿，没有马甚至连路都走不动，而徒弟们的战斗力普遍都是100000+，哪个徒弟好管理？

孙悟空是骨干不假，但不太听话，经常顶撞领导，把领导气到内伤，还曾经被扣上"价值观不一致"的帽子，打发回老家花果山闭门思过；猪八戒听话，会讨好人，但偷奸耍滑，动不动就撂挑子，嚷嚷着要回原单位高老庄种庄稼、陪媳妇；沙和尚似乎很老实，个子挺高，看起来也唬人，倒是不惹事，但什么时候冲锋在一线过？都是在后面看行李，选择风险最小的活儿干，最后跟着大部队到达终点，混个金身罗汉。我们不要想着拥有既能干又听话的下属，别人不会替我们提前培养好，我们不能一上任就捡现成的。

我们无法率领想象中的团队参加战斗，只能带领现有的团队拼命冲锋。

从自己身上找解决方案

管理者在给下属布置工作时，一定要充分说清楚任务的目的、意义和行动步骤，必要时，让下属复述一遍，记录下所有的要点。以免下属在执行的过程中做得不到位，引得管理者"怒从心头起，恶向胆边生"，批评下属做事不靠谱。

有些管理者的口头禅是："下一步该怎么做，不用我多说了吧？"下属哪敢再问。当我们发现下属提交的工作结果和期望差距比较大，不要轻易判定是下属不认真、不努力，然后对下属发脾气。我们要做的是去追本溯源，回顾当初交代任务的时候，自己有没有说清楚，下属有没有理解。我们可以当面问问下属，他是否明白当初交代这件事情的目的和意义？是否知道完成的路径和资源？做到什么程度算合格？什么程度算优秀？遇到问题时如何反馈？

拉斯姆斯·侯格和杰奎琳·卡特合著的《领导者的心智模型》中写道："你对员工的看法并不取决于他们是谁，而是取决于你认为他们是怎样的人。换句话说，你的思想已经为你设定了程序，让你以特定的方式诠释现实和你周围的人。显然，这种方法不利于你真正了解你的员工。如果你只用一种方式看待员工，你对他们的预期就会受到限制。"

管理者要从自己身上找解决方案：为了改变这样的现状，我能够做些什么？需要给下属怎样的资源和支持？

当然，我们也要注意避免走入一个误区，就是看到下属承担压力的时候，就把压力全部接过来扛在自己身上。我们无法代替下属成长，但是可以帮助下属识别和解决成长路上的障碍。

学会观察领导心情

有个朋友在国企工作，他特别佩服集团旗下一个分公司的老总，每次这位老总到集团要资源的时候，都会提前观察一下董事长的心情。他会先去董事长办公室聊一些题外话，探探领导的口风，看看领导当天的情绪状态。例如，他先和董事长聊聊他养的花花草草，如果董事长有心情和自己闲聊几句，就说明董事长的心情不错，这个时候可以进一步交流自己的想法，获得支持的概率也比较大。如果董事长在自己开启闲聊话题的时候显得格外不耐烦，说明他的心情比较差，那么就不要提及接下来的话题。因为我们的诉求很可能会让他的心情火上浇油，他甚至可能把之前积攒的怒火发泄在我们的头上。

以前我刚开始工作的时候，因为接触不到大领导，感受不深，对于一些中层干部去找领导签字或者汇报工作时，习惯性地向办公室主任打听领导的心情的做法，总觉得有些好玩，甚至有些夸张。后来我才发现，这些人是有沟通智慧的。

其实每个人都会受自己情绪的影响。越高层的领导，所面临的决策难度越大，压力也越大。来汇报的人大多是要人、要钱、要资源，请他拍板重大难题的，他听到坏消息的概率远远高于好消息。因此，领导情绪不佳往往是大概率事件。

有些领导控制情绪的能力比较差，或者说丝毫不在乎对员工的态度，更是容易抓住汇报工作的下属给一顿当头棒喝。下属被骂的概率越大，去汇报坏消息的胆量就越小。慢慢地，领导听到的消息就会被层层过滤，以至于老板常常是最后一个知道公司出大问题的人。

　　管理者也要注意，当自己心情不好的时候，要尽可能地避免与他人沟通，特别是长时间的沟通。因为自己心力不足、电量不足，很容易在沟通中无法做出有效的决策，或者没有耐心倾听，这都会严重影响沟通的质量。因此管理者要学会向自己的同事和下属表达自己现在没有时间，如果不是特别重要紧急的事情，对方可以明天再来沟通。

　　当然，如果真的被领导骂了，承接情绪垃圾的我们又该如何自我调整呢？

　　首先，安慰自己，谁没被骂过呢？就当工资里有一部分薪酬是安抚自己挨骂的，这样一想，就不容易有玻璃心了。

　　其次，反思自己，是不是工作中出现了纰漏，引来了雷霆怒火？如果是，抓紧时间亡羊补牢，查缺补漏，避免以后再犯类似错误。

　　最后，看看领导的状态，如果领导平日里一贯就是这样的沟通态度，那就无须担心。如果他也是被其他事情、压力所困扰，多多包涵就好。

　　有朋友曾经开玩笑，一个人在公司里升职的速度，和被老板骂的次数成正比。因为骂得越多，成长得就越快，前提是我们自己得有足够的情绪消化能力。

　　当然，如果自己不喜欢情绪容易失控的领导，就可以用脚投票，选择离开，甚至在离开前抓住机会怼回去。但我们要思考的是，**这里有没有我们想要的东西，如果有，把情绪撇开，好好学本事；如果没有，自然也没必要习惯于把自己当成别人的情绪垃圾桶**。这就要求我们随时保持能离开公司的能力，这是后话。

　　作为一名管理者，我很少对别人发火，甚至有领导曾经委婉提醒，如果不显得足够强硬，我很可能会在以后的竞争中吃亏。但推己及人，我自己不喜欢无缘无故地被领导骂一顿，不喜欢被当成出气筒，自然也不会用这样的方式对待下属。只要不是什么天大的事情，我都习惯于等情绪稳定以后，再和下属沟通，帮助他们复盘自己的问题。这样下属就能够留出足够的心力去反思工作，而不是去抵御上级的坏情绪。

　　己所不欲，勿施于人。古人早已把很多道理总结得很完善了，但是做起来，真难。

保持情绪稳定的五个小方法

　　保持良好的情绪对管理者来说至关重要，我们该如何管理好自己的情绪呢？

　　第一，学会忽略。

　　威廉·詹姆斯曾说："聪明睿智的艺术，就是了解该忽略什么的艺术。"因此，当我们在工作和生活中遇到"噪声"时，可以忽略它们并继续保持前进。我们走得越远，那些干扰的声音就会越小。只为自己争成色，莫与他人斗斤两。如果我们停下前进的脚步，与他人争辩，反而会失去冷静与理智，并且被他们丰富的斗争经验所打败。

　　第二，区分看法和事实。

　　人不是被事情困扰住，而是被对那件事情的看法困扰住。如果我们觉得一件事情很难，通常就会给自己找很多理由去拖延，甚至回避它。而绕过这些难题（很多难题在被解决之后再看，并没有当初想象的那样难），选择去做轻松但没有附加值的事情，对我们的成长没有太大的帮助，只能给自己留下一丝"我不是不想去做，只不过自己太忙"的安慰。

第三，拥有更坚实的身体。

日本作家村上春树在《我的职业是小说家》中给出建议："要想获得持久力，又该怎么做呢？对此，我的回答只有一个，非常简单，就是养成基础体力，获得强壮坚韧的体魄，让身体站在自己这一边，成为友军。"

人的身体状态好，才有足够的"电量"去支持情绪系统的稳定。

第四，设置暂停键。

《奇迹公式》一书中分享了调整情绪的 5 分钟法则："当事情没有按计划进行时，你可以痛苦，但不要超过 5 分钟。"我们可以在手机上设置一个 5 分钟的闹铃，然后给自己 5 分钟的悲伤权利。在这 5 分钟之内，我们可以任由情绪涌现，不论是哭泣，还是咒骂，都允许自己发泄出来。等过了 5 分钟后闹铃响起的时候，我们得重启自己的情绪系统，迅速变回一条好汉。

让情绪暂停下来的另一个方法是写日记。如果遇到一件让我们十分生气的事情，就先把它写下来，当我们描述清楚这件事情之后，情绪也已经消散了一大半。如果过了一个星期，甚至一个月之后再去看这些记录，我们通常都会感慨：当初怎么会因为这点事情感觉到郁闷？

第五，在适当的场合通过适当的情绪传递自己的态度。

是不是管理者每天都要保持良好的涵养，完全不能发脾气呢？那倒不一定。情绪有时候也可以成为我们的武器。杰弗瑞·菲佛在《权力：为什么只为某些人所拥有》中说："如果你表现出愤怒情绪，你不仅可以获得更高的地位和权力、显得更有能力，而且别人也不愿意冒犯你。"

当我们所在的组织是传统型组织时，大多数人都"认可"领导是会发脾气的，发脾气是管用的。因此，有些时候我们不得不"表演"我们的愤怒情绪，以便改变或者推动一些事情。

在心态上，我们要明白**"情绪由我不由天"**。作为管理者，我们可以而且必须掌握管理情绪的技巧。

在行动上，要采取适当的方法，帮助自己调整情绪。**只有当情绪从我们的心灵空间消散或者退出的时候，我们才能恢复行动能力**。管理不仅仅是管人和管事，还有一个重要的课题是管理员工的情绪。我们得掌握让下属从暴风雨般的情绪中平静下来的能力，因为下属的情绪影响团队的生产力。

第 8 节
冲突：工作中遇到各类挑战，该如何应对

我们倾向于首先从我们的意图来看待自己，而这些意图是他人无法看到的；同时我们又首先从别人的行动来看待他人，这些行动是我们能够看到的，所以我们容易处在误解和不公随处可见的境地。

——经济学家 E. F. 舒马赫

冲突的三种类型

根据罗宾斯在《组织行为学》中的观点，我们在工作中遇到的所有冲突都可以分为三类，即任务冲突、关系冲突和程序冲突。

第一，任务冲突。与工作的内容和目标有关，例如任务设置不合理。

例如领导给我们定了今年的销售目标是 500 万元，我们觉得太高了，因为去年的销售业绩是 300 万元，今年撑死只能做到 400 万元。

第二，关系冲突。侧重于人际关系，表现为人与人之间的敌对、不和与摩擦。

例如两个下属竞争一个职位，最终只能有一个人晋升。在这种情况下，如果缺乏一定的机制调节和个人应对措施，很容易造成工作中的关系冲突。

第三，程序冲突。每个人对采用哪种方法实现目标产生分歧，体现为授权与角色的冲突。

前几年读陈春花《管理的常识》这本书，我对书中的一个故事印象深刻：

有一次，我到市场做调研，当时公司派出区域总监陪同我到分公司，我们到分公司之前，分公司的经理在电话中征求，可否在我们到的时候与一位当地最重要的客户见面，这个客户已经开发了10个月，可是无法谈下来，所以分公司经理希望借助于我们这次的到来，再争取一下并力图有所突破。我们到达后与这个重要的客户见面，客户提出的要求区域总监当场答应，结果10个月的客户开发在不到一个小时里就解决了。

当分公司的员工们庆贺，并认为还是区域总监厉害的时候，我自己很伤心，回到公司，我说服总部取消区域总监这个层面。为什么呢？因为区域总监这个层面并没有起到管理的作用，反而因为保留这个层面，资源就留在上面，分公司经理没有资源满足顾客的需要，结果一个重要的顾客在10个月后仍然无法与公司开展业务。

这个案例就是典型的授权与角色发生了冲突。管理层级越多，越可能导致很多决策、信息、资源堵塞在某个中间环节，问题一直停留在基层，得不到解决。这些问题本身并不是多难，但是分公司在程序上得不到授权。

如何正确处理团队中的冲突，是管理者的一个重要挑战。管理者要降低内部的关系冲突，适当鼓励任务冲突，努力调整程序冲突。

　　关系冲突对团队的伤害最大，影响时间也是长期的。想想看，两个人彼此看不顺眼，甚至当面发生人际冲突，就像被揉皱的纸一样，即使抚平了，上面也会留下皱痕，难以恢复如初。

　　在处理复杂工作的团队里，保持一定的任务冲突，会激励每个成员贡献自己的观点和智慧，并在这种冲突中表达自己的意见和建议，然后取得一致的行动方案。身处这样的团队，其成员都知道：**我们不是敌人，问题才是我们共同的敌人。**

　　对于程序冲突，管理者应检查其影响范围，如果自己有调整权限，就要立刻行动；如果没有权限，就要努力向上发起调整建议；如果向上反馈无果，就要努力降低对自己团队的影响。

对任务冲突进行鼓励

　　很多公司都存在这样一种现象，开会时大家一团和气，有什么想法都不愿意公开分享，一是担心被别人误解，引发争执；二是担心被领导批评，丢人现眼；三是担心自己提出的建议不成熟，被人取笑。虽然会议很和谐，但是很多问题并没有被提起、被充分讨论，以后在执行过程中仍需要一个个去协调，不仅费时费力，还容易引发推诿、拖延，甚至是互相埋怨和指责。万维钢曾说："*吵吵闹闹不伤感情的才是好团队。没有冲突的团队不叫和谐，那叫冷漠和僵化。*"

　　因此，作为团队管理者，应该鼓励下属勇敢发表自己的观点，表达不同的见解，避免下属带着疑惑去执行，凭借自己的理解，做到哪一步算哪一步。

　　管理者不要把提出问题的下属当成问题，而要站在下属身边，协助他们理解任务、解决问题。

对人际冲突进行降噪

第一，降低言语沟通中的冲突。

当别人向我们提出不同意见时，可以借鉴《冯唐成事心法》提到的麦肯锡"三步走"话术：

1. 必须感谢，要谢谢人家。说"谢谢 Jenny 提意见""谢谢 Henry 提意见"。

2. 需要停顿一下，重复一下别人说的意见，让对方感觉到，你尊重他的意见。

3. 如果同意对方的反对意见，就表示同意，非常真诚地表示同意；如果不同意，不必争论，不必反对，说一句，"我会认真考虑，感谢你的意见，我会再想一下"。

这一套话术，在麦肯锡几乎形成铁律。如果不这么做，底层的信息很难一层层传到上边。

第二，避免把问题冲突上升到价值观冲突。

在现实工作中，我们经常发现一些管理者和下属配合不好，根源可能就在这里。陈玲在《面对面影响力》中写道："管理者对员工的评价一旦快速上升到价值观的高度，就很容易给人贴上负面标签，妨碍问题的真正解决。"

对管理者而言，要避免通过一两件小事否定一个下属，直接给下属打上一个负面标签，例如下属在某次跨部门合作中被投诉，立刻就给他贴上"团队合作能力不行"的标签。我们在做出判断之前，应了解具体情况，即使下属有过错，也要区分这一次是特殊情况，还是下属真的在这方面能力有所欠缺。

第三，避免过度揣测动机。

遇到问题时，不要随意揣测别人的动机，很多时候别人只是无心的，一旦我们想多了，在脑海里演绎太多想象的场景，就很容易形成误判。

崔璀在《职场晋升 101》一书中分享了一个沟通小技巧："当你对事情不理解，充满怀疑和愤怒时，多问一句。不要预设对方，不要揣测，只是带着好奇多问一句：'你是怎么想的？这么做你的考虑是什么？为什么今天感觉你的情绪非常大？你还想多说一些吗？'"

小王有一次去找某个部门负责人老李沟通一件事情，结果对方很不耐烦。当时小王心里想："我又没有得罪你，为什么对我摆脸色？"有意思的是，过了两天，小王遇到老李，老李反而很热情地打招呼。当时小王就想到，那天老李的情绪并不是针对自己，可能是他遇到了什么生活或者工作中的难题，因此比较焦虑，那一天对谁都没有好脸色。

这类事情提醒我们，不要随意通过他人的语言、行动去猜测别人的动机，坦率地就事论事，避免在头脑中过度解释他人的情绪和话语是最轻松的沟通方式。

对程序冲突进行调整

很多管理者可能在不同的场合听说过"和尚分粥"的故事。

有一座寺庙住着七个和尚，他们每天都要分食一大锅粥，但要命的是，这一锅粥每天都不够吃。

一开始，他们轮流分粥，结果只有在自己分粥的那一天才能吃饱。后来，他们推举七人中道德最高尚的和尚分粥。结果，大家想尽办法讨好他，贿赂他，搞得寺庙乌烟瘴气。再后来，他们成立了三人分粥委员会、四人评审委员会，结果大家互相攻击、扯皮，粥都凉了还没结果。

最后，他们想出一个新办法：轮流分粥，但是分粥的人要等其他人挑完后，拿剩下的最后一碗。在这样的规则下，分粥的人都会想尽办法平均分，不然自己就会吃得最少。

人性如水，流程如渠。很多看似难解难分的问题，只要找到了那根线头，就能如庖丁解牛一样化解。

管理者如果不太习惯听取下属的意见，可以调整一下沟通的程序。先允许对方充分表达自己，然后询问对方是否说完了，最后再表达自己的观点。

很多管理者在批评下属的时候，习惯性地把问题归因于人，而不是事，结果就是不欢而散。其实，我们要和下属达成共识：管理者批评下属是因为这件事情处理得有问题，并不会因为一件事情没做好，就判断这个人有问题。**对问题要强硬，对人要有耐心。**

以前一位老领导在开会时的口头禅是："这个思路挺好，具体说说看？"在这样的鼓励下，大家有什么想法和疑惑，都愿意当面进行充分的交流沟通，工作推动起来也会非常顺畅。

管理者在讨论问题时，应该少说："你这个想法不行。"多问问："这是一个思路，说说你是怎么思考的？"如果我们担心自己会忘记这句话，就把这句话写在自己的笔记本首页，每次开会时摊开笔记本，提醒自己向团队多说这句话。

在团队中，尤其是进行创意工作的时候，我们要认识到，**不同**

的观点是一笔财富，而不是灾难。作为团队领导者，应该充分激发和利用大家的不同观点。我们的目标是通过程序确保把事情讨论得淋漓尽致，把关系保护得十分得体。

告知意义 + 避免返工

我们都知道沟通的重要性，但是在具体做事时，并没有知行合一，常常由于着急，希望沟通得越简短越好，巴不得对方马上把自己脑海里的想法直接复制下来。要进行坦诚、有效的沟通，管理者需要注意下面这两点。

第一，告知意义。

布置工作的时候，一定要站在对方的角度思考。

1. 他对这项工作有没有前期了解？是否掌握一定的背景信息？

2. 他的技能程度怎么样？

3. 他的工作态度怎么样？

4. 他当前手头上的工作多不多？

5. 有没有和对方讲清楚，交办这个事情的意义和价值是什么？

特别是最后一点，很多上司给下属布置工作的时候，经常只是轻描淡写地给出一部分信息，没有想到自己的下属压根不了解整个事情的前因后果，不了解他负责的这部分工作对整个团队的价值。

了解这个事情的意义，通常会帮助下属提升对整个工作的重视程度，以及自己负责的那部分工作的交付标准。

第二，减少返工。

如果布置工作的时候讲得不明确，等到别人交付的时候，我们就会发现，结果跟我们预想的差很多。如果这样的事情多次出现，一定是我们布置工作的时候出了问题，对方并没有全盘接收我们的信息。或者说，我们并没有把脑海里面想的东西完整、清晰地传达给对方。

在交代任务的时候，可以拿出一张草稿纸，在纸上写写画画，带着对方了解我们的思路。把核心内容落在纸上，比单纯停留在口头交流上，效果要好得多。正是有了这样的习惯，我在布置工作的时候比较省心，同事接收信息的时候也很省心，临走的时候他可以拿走这张草稿纸，这样在执行任务的时候，就有了可以随时对照的标杆和路径，他在提交结果之前走偏的可能性就比较小了。

更重要的是，这样能够培养下属全面思考的意识，不仅告诉他要做什么，而且告诉他为什么要这样做。如果事先沟通不到位，看似节约了沟通的时间，得到的结果就会大相径庭，然后再来返工就得不偿失了，因为**返工恰恰是效率的大敌**。

更值得管理者注意的是，有些事情一旦错过，连返工的机会也没有了。

第 9 节
人员优化：下属工作态度消极，怎么办

我们能够通过培训来提升技能方面的水平，但是我们不能改变态度。

——美国西南航空前首席执行官 赫伯·凯勒

影响员工表现的三大因素

杨国安教授曾经提出"组织能力的杨三角"这个概念，他认为组织能力是由员工能力、员工思维模式和员工治理方式组成的，简单来说，就是员工会不会做、愿不愿意做和组织允不允许做这三个问题。

在实践中，管理者可以从这三个维度去思考下属的绩效表现。可以用一个公式来表达：**绩效 = 态度 × 能力 × 组织环境**。

如果我们发现某个下属的绩效出现问题，可以从这三个方面去进行判断：是对方的工作态度有问题、能力不足，还是组织给予的资源不够或限制太多？

第一，态度是很难改变的因素。

如果一个员工工作不积极，做事情马虎，不追求更高的质量和标准，待人接物缺乏基本的礼仪，是很难靠上级谈话、指导就能改变的。即使员工短期内有所改观，时间一长，又会回到原来的轨道。因此，我们要特别注重对员工的价值观、行为方式的考评。当

然，有人会说态度并非完全无法改变，但是这对追求速度和效益的企业来说，实在是抽不出那样的时间和精力去改变员工的态度。**与其把员工招进来再进行培训，不如在选拔之前仔细甄别。**

比如教育行业，在新员工培训现场，看到招聘来的一些新老师自己都不愿意认真听课，我们就会有一种招错人的感觉。当专家、教授在上面做分享时，有些人不认真听讲，总是低头刷手机，连笔记本都不带，这样的人很难让人相信他会成为一个学识渊博、热爱教育、关心学生的好老师。

再比如服务行业，标准的微笑也许是可以训练出来的，但员工是否提供了真诚的服务，客户是可以感受到的。如果一个人没有发自内心地去服务，有再好的技巧也没用。雇佣这样的员工，意味着管理者付出的沟通成本更高，效率更低，风险更大。

以前我担任办公室主任的时候，手下有个司机，没事做的时候就在办公室打游戏，其他同事看到了就和我反映，我也现场抓住过他一次，并和他约定好工作纪律。结果没过一段时间，他的老毛病又犯了，再加上其他同事也反馈，找他帮忙做点小事时，他总喜欢推诿，整理些简单材料总是马虎出错，于是试用期刚满一个月我就将他淘汰了。后来我又招聘了一个新司机，态度没得说，勤劳认真，还能够主动去帮助别人做点力所能及的事情，和同事相处得也很愉快。

态度不端正的员工就像团队里的定时炸弹，要抓紧物色合适的接替人选，早一点淘汰，否则团队的"生态环境"就会被迅速破坏。

第二，能力是相对外显的因素。

一个人会不会某项技能，能不能做成某件事情，一般比较容易观察。作为基层管理者，管理难度通常不会太大，只要留心观察和验证，就能够防止团队中出现滥竽充数的人。

对于因能力不足而导致工作效率低的员工，应该尽快安排系统培训，帮助其提升能力。例如，管理者亲自带一段时间，或者安排资深员工担任导师，为其安排内外部培训，制订清晰的能力提升计划。

第三，组织环境要为员工的工作推进和未来成长赋能。

组织雇佣员工，是希望其最大程度地发挥潜能，为组织创造效益。因此，力所能及地为员工提供更好的资源支持，帮助员工取得绩效，就是管理者的核心工作之一。管理者需要依靠团队成员共同努力，高效合作，从而完成目标。

除了上述因素以外，一些突发的例外情况也会在一定时期内影响员工的工作状态，例如身体不适、家庭变故（家人生病、吵架等）。管理者应适当地给予关注和支持，帮助员工度过困难时期。

态度消极背后的原因

当年上初中的时候，有一件事情让我印象非常深刻。有一次老师请了十个同学到讲台上，带我们玩一个叫传声筒的小游戏。老师和第一个同学悄悄说了一句话，然后请第一个同学把话传递给第二个同学，以此类推，我刚好是最后一个。当时，我完全不知道第九个同学在我耳朵嘟囔了一句什么话，只听到几个模糊的字。最后老师公布他说的那句话时，我们发现从第二个同学开始就丢失信息，以至于到第五个同学时就已经不知道说的是什么了，我到现在都记得我当时一脸蒙的状态。

在管理工作中也是一样，信息在传递过程中衰减得很厉害。如果员工的工作结果让管理者不满意，管理者就要先反思自己：布置工作的时候交代清楚了吗？说明白交付时间和标准了吗？给下属的资源够吗？过程中有没有指导下属？

行有不得，反求诸己。 一个下属态度消极，也许是他自己的问题，但如果多个下属工作懈怠，无法取得绩效，管理者就必须反思自己的问题了，到底是哪些因素限制了下属的发挥？自己怎样做才能帮助他们取得绩效？

如果排除了机制、环境、管理者的因素以后，下属依然处于消极或者抱怨状态，就得考虑换人了。

《刘强东自述：我的经营模式》中提到："什么是团队精神？其本质就是放弃自己，适应他人。抱怨是团队精神最大的天敌。请大家谨记两点。第一，只以自己为中心的人，肯定是没有团队精神的。一遇到问题不说自己，只说别人，抱怨上司是笨蛋，同僚不配合，他如何进行团队合作？第二，经常抱怨的人，绝对是没有团队精神的。有的人90%的时间用来抱怨，10%的时间用来工作，他们是没有团队精神的，必须清除。"

态度坚决，手段慈悲

《庄子》中讲述了一个小故事，黄帝要去某个地方拜访隐士，结果迷路了，恰巧遇到一个牧马的孩子，便向他问路。两人聊天的时候，黄帝觉得这个孩子很有意思，就问他如何治理天下。

小童曰："夫为天下者，亦奚以异乎牧马者哉？亦去其害马者而已矣！"黄帝再拜稽首，称天师而退。

小孩说："治理天下，跟我放马又有什么不同呢？只要把那些危害马群的劣马清理出去就行了。"黄帝大受启发，称牧童为天师，再三拜谢牧童，方才离开。这就是成语"害群之马"的出处。

团队管理也是一样的，**把"害群之马"清理出去就是对其他员工莫大的支持。**弗雷德·考夫曼在《意义革命》中提到一类"主动撤离型"员工，他们"不仅仅是工作不开心，还会把自己的不开心表现出来，消极地影响同事，总是批评公司。这些人的戾气很重，以致他们总想对公司进行有意或无意的破坏活动。他们成为公司的'诽谤者'，在整个公司内部甚至外部传播负能量"。

应对这类人的最好办法是请他们离开。如果因为特殊原因暂时无法辞退这类人，也要尽量调离核心团队，避免其对团队氛围和秩序产生持续破坏。有些企业甚至专门为个别人员单独设立一个部门，就是为了防止此类情况的出现。

当然，有些管理者可能会基于以下原因，不愿意轻易谈及解聘员工的事宜。例如，担心解聘员工会让领导觉得自己识人不明，担心人力资源部招聘新人需要耽误时间，或者期待这类员工能改变自己。总之，这样的考量会导致管理者在淘汰员工上犹豫不定，给未来埋下隐患。

有人说，如果你没有亲自开除过一个员工，就不能算一名真正的管理者。对管理者来说，这一道"心关"必须跨过去。当经过充分的评估和论证，发现一名员工经过培训或者转岗后，依然不能胜任工作，就可以考虑让其离开了。很多管理者总希望出现奇迹，期待员工能够意识到自己的问题，工作态度能够尽快发生转变，工作表现也能很快得到改观，其实这只不过是在逃避艰难的沟通而已。

只有经历过那种让自己感觉尴尬、焦虑、抗拒的场面，才能让管理者意识到招人是一件很严肃、很慎重的事情。招的人不对，对

双方都是一种折磨。

杰克·韦尔奇在《赢》这本书里提到："经理人在处理解雇的问题时容易发生如下三种错误——行动太匆忙，不够坦诚，拖得太久。"在开展辞退员工的正式谈话之前，管理者应该秉持"态度坚决，手段慈悲"的原则，做好相应的准备。

第一，明确员工不胜任的标准，并准备好相应的证明材料。不能仅凭三寸不烂之舌去谈话，必须以事实为依据。

第二，提前和公司的人力资源部门沟通，请求 HR 参与支持。

第三，开门见山地沟通。此时，做再多的铺垫对残酷的结果也于事无补，开诚布公地说明解聘的原因，以及公司能够给出的其他帮助或补偿。

网飞创始人、CEO 里德·哈斯廷斯在《不拘一格：网飞的自由与责任工作法》中提到："精简员工还有一个附带的优势：要管理好员工是一件费时且费力的事情，管理普通员工更是如此。通过精简团队，每位管理者需要管理的员工就会更少，也能管理得更好。如果一个团队全是非常出色的员工，那么管理者就会管理得更好，员工也会做得更好，整个团队就会欣欣向荣，并得到飞速发展。"

管理者的第一责任是带领团队完成目标，培养下属是加速完成目标的重要途径。如果发现下属的能力和态度都不达标，就要想办法换人，而不是一个人默默死扛。

招聘的原则

招人要慢，裁人要快。团队管理中出现的人的问题，很大程度上都是由于"招人太快，裁人太慢"造成的。

招人太快：十几分钟面试就定了人选，有些管理者甚至在面试开始时才匆匆一瞥应聘者的简历，然后毫无章法地闲聊，在犹豫不定中像抛硬币般下判断，这显然是在增加以后管理工作的难度。

裁人太慢：如果说招聘时无法判断员工的能力和特质，那么在一起工作一段时间以后，员工是什么样的人，具备什么样的能力，能把工作任务完成到什么程度，管理者心里是有数的。但很多人无法下定决心裁人，一直忍受着员工消极的工作态度和低绩效产出，直到员工给团队带来过大的不良影响才后悔莫及。

管理者的一个重要职责，就是给团队创造良好的工作环境和人际环境。因此，淘汰不适合的员工，不仅是对团队负责，更是对优秀员工的潜在激励。

如果人选对了，事情还没有做，就成功了一半；如果人选得不对，就往往事倍功半，甚至前功尽弃。孙陶然在《有效管理的 5 大兵法》中强调："人对了，事才能对。如果我们选择了一个对的人，只要假以时日，一定能够拿到一个满意的结果；如果我们选错了人，今天没有结果，明天和后天也不会有结果，而且还会有连锁反应的负面结果。"

遗憾的是，很多管理者并没有把招人当成头等大事去做，在组织面试的时候，因为其他会议、临时事务缺席的情况可能有很多。

相对于做事本身而言，管理者在选人上花费的时间和心思都太少了。

第 10 节
反思：错误清单与成功日志的价值

> 曾子曰："吾日三省吾身：为人谋而不忠乎？与朋友交而不信乎？传不习乎？"
>
> ——《论语》

管理者需要真反思

管理者常常喜欢强调反思、总结、复盘，特别是在下属做事不到位的时候。但让人遗憾的是，很多管理者并没有像他们嘴上说的那样重视反思。

《斯坦福的鸭子：告别工作焦虑，建立团队韧性》一书中提到："如果你不是真心感到好奇，也不愿意改变思路，员工是能看出来的。'反正你只会按自己的想法来，那还征求我们的意见干吗？'"

真正的反思，并不是只让员工进行自我反省，而是从管理者开始，以身作则。反思的第一步需要我们迈出去。如果管理者整天把反思的口号挂在嘴边，但自己从不带头行动，做出改变，而只是要求下属反思，那么反思就很难落地。

有一天早上，我交给管培生一项工作，让他帮忙尽快核对一份40 多页的文档。第二天上午我问了下进度，提醒他尽快完成，结果他告诉我昨天下午已经核对完了。我当时就意识到自己犯了一个错误，那就是我应该告诉他最优的截止日期，以及完成后应该主动和我沟通，而不是等我找他，他再给我反馈。

侯小强在《靠谱》一书中说："很多上级和下级的沟通是无效的，这与上级的沟通习惯也有关系。有的上级喜欢用'最好、你试试、尽快、建议'等语焉不详的描述方式安排任务，以致下级并不认为这是一个必须完成的任务，更不会清晰这个任务的优先级和紧急程度。"

差距＝期望－现实。很多时候，我们不能责怪下属不给我们反馈，问题在于布置工作时，我们虽然知道这件事比较急，心里有自己的时间要求，但是没有明确表达出来，下属压根不知道，他要么按照固有的节奏做事，要么做好了事情等着你召唤他。当现实和期望出现差距的时候，管理者常常感到恼火。但问题是，出现差距的时候，需要调整的不是别人，而是管理者自己。

在实际工作中，管理者可以通过"**观察、评估、反馈、改进**"这四个环节来反思自己的工作安排。

第一，我观察到的现象是什么？

描述现象的时候，不仅要思考现在的状况，还要追溯现象发生的源头，避免头痛医头，脚痛医脚。

第二，这个现象发生的原因有哪些？

尽可能地反思所有的原因，哪些是内部导致的？哪些是外部条件制约的？哪些是可以改进的？哪些是暂时无法调整的？以前有没有发生过类似情况？我作为管理者，是否有没有做到位的地方？分门别类地把各类原因写下来，更有利于我们进行分析。

第三，我需要和哪些人反馈？

如果是自己的原因，应该写到自己的反思日志里，时常翻阅，尽量避免同类问题的发生。如果是下属的原因，可以通过提醒、批评、惩罚等方式来督促下属改进。如果这个案例适合公开，就可以在团队内部进行分享，作为警示。

第四，保持持续改进。

如果是自己的问题，就自我改进，通过调整自己的言行来影响身边的人。如果是团队成员的问题，就协助他们拟定改进措施，提供相应的资源支持，帮助他们尽快改正错误。

有一次我和一位项目负责人聊天，他刚上任不久，只顾盯着业绩指标，缺少对人的沟通与关注，导致内部信息沟通不畅，很多事情被耽误。刚开始他总是抱怨下属不给力，参与团队工作的积极性不高。我鼓励他暂时放下执念，想想看，在外部环境和他人不发生改变的情况下，自己能够做出怎样的反思与调整？

他承认，自己没有多关注下属的思想动态，布置任务的时候总是比较急躁。下属可能没有搞清楚具体要求，也不好意思追问，在执行过程中就难免出现不知所措、拖延的情况，给团队磨合带来了不小的阻力。

作为管理者，如何统一下属的行为规范呢？我建议，每天记录自己观察到的行为，下属的哪些行为是应该欣赏和鼓励的？哪些行为是应该避免的？然后列一个清单，定期在内部交流，和大家分享，讲讲自己为什么欣赏某些行为，这些行为对实现团队目标、促进个人成长有什么样的帮助。正确的行为多了，无效的行为就会逐步被淘汰，团队的摩擦就会减少，工作的氛围就能变好。

反思的价值

塔勒布在《智慧与魔咒》中说："你记得住自己发出去却没收到回复的邮件，却记不住自己收到了却没有回复的邮件。"

这让我想起了一句话："以责人之心责己，则寡过；以恕己之心恕人，则全交。"意思是说，在与人交往的时候，如果用责备别人的心来责备自己，我们就会少犯错误；如果用宽恕自己的心来宽恕别人，就能保全彼此之间的友谊。

行有不得，反求诸己，这是管理者面对问题时的最佳反应。遇到烦心的事情，先冷静下来想一想，从自己身上寻找破解之道。如果我们总是忍不住想发脾气，那就在桌子上摆个道具，可以是一个人物手办、一个小盆景、一个放置水培植物的小玻璃瓶，甚至是一个贴在电脑边框的小纸条，方便及时提醒自己要保持情绪稳定。

发脾气通常解决不了问题，说不定还会增加新的问题，导致下属去处理事情之前，还得先花时间平复心情。

有个管理者曾经和我抱怨，说每次开会想征求大家的意见时，基本上没有人发言，最后还得自己拿主意，特别心累。其实，这样的局面可能是管理者自己无意中造成的。刚开始也许有下属提出意见和建议，但是容易受到领导非常具有倾向性的点评，例如："这怎么行？""你这不是异想天开吗？""能不能动动你的脑子？"，等等。有的领导甚至连点评都懒得说，直接给下属翻个白眼、皱个眉。长此以往，没有人会愿意分享自己的观点，毕竟谁都不想被领导当众批评甚至是羞辱一番。如果下属的建议刚好契合领导的心意，领导可能会立刻加以肯定和表扬。慢慢地，大家都习惯于去猜领导的心思，而不是真正表达自己的思考。反正领导高兴，自己也能出彩，为何要傻傻地说真话呢？

《中庸》里记录了孔子的一段话："舜其大知也与！舜好问而好察迩言，隐恶而扬善，执其两端，用其中于民，其斯以为舜乎！"大意是说，舜大概算得上是有大智慧的人了。他喜欢向别人请教，又善于分析别人浅显的话语里的含义。别人说错了，他就隐藏起来不去批评；别人说得对，他就公开表扬。他能把握事物好坏的两个极端，加以调和，采纳适中的方法施行于人民。这就是舜之所以能成为舜的原因吧！

查尔斯·汉迪在《成长第二曲线》中说："大多数学习是在安静思考下理解经验。我们需要时间和空间来反思在过去一周或一个月里哪些事情做得对，哪些事情本可以做得更好。没有反思，我们将永远不会改变或提高，或成为我们所能成为的一切。"

管理者不要害怕反思自己的过失，因为这恰恰是成长的最好时机。

建立错误清单

桥水基金有一个员工，因为操作失误导致损失了几十万美元，这时该怎么办？达利欧认为，不能对这件事过度反应，为什么？因为过度反应只会让周围的人试图掩盖错误。

达利欧是怎么处理的呢？他在桥水基金做了一个管理工具——"错误日记"，出错了，写在错误日记里，你就没事；如果你试图掩盖错误，假装没有发生，那你就一定会有事。所以，桥水公司处理错误的原则分三步：第一步，所有的错误一定要被记录；第二步，大家一起分析失败的根本原因；第三步，耐心地解决问题。

让人遗憾的是，很多管理者并不擅长记录、分享自己的思考。一个项目是如何做成的，往往难以留下具体的操作细节。如果做这项工作的人走了，其他人就抓瞎了，导致很多工作始终处于低水平重复建设的状态。

杨天真在《把自己当回事儿》一书中分享了她的反思机制：

　　我的团队一直在执行一项名为"白皮书"的工作机制，把之前犯过的错误、踩过的雷都整理到白皮书里，内容越详细越好，而且有三点不能忽略：错误的原因、解决的方法和防范的策略。

　　白皮书的做法是把"解决问题"的沟通思路从个人层面提升到团队层面，比起个人的反省和反思，一个团队也应该具有以解决问题为前提的沟通模式，很多问题是可以在发生前就被拦截下来的，不一定要等到发生了再去弥补。另外，如果你初入职场，我建议你也准备一本属于自己的白皮书，把自己在工作和生活中犯下的错误都记录下来，时常翻看，这样不仅能够加快自身的进步速度，也会在沟通中变得更有底气。

　　建立错误清单的机制，关键在于管理者必须躬身入局，而不是只让下属反思自己的过失。**批判别人容易，批判自己很难，更难的是批判自己以后，还把自己的错误分享给他人。**

　　很多管理者担心承认错误会影响个人威信。因此，我们常常会发现一些好玩的情况：下面的人已经意识到了问题，但是管理者基于保护权威性的考虑，依然不愿意面对现实，甚至继续在错误的道路上越走越远。结果错失了最佳的时机，导致原本的小问题变成了大灾难。

　　如果管理者存在这样的心态，可以听听孟子的建议："古之君子，其过也，如日月之食，民皆见之；及其更也，民皆仰之。今之君子，岂徒顺之，又从为之辞。"意思是说，古代的君子犯错误，就好像日食、月食一样，老百姓都能够看得到，等到君子改正错误的时候，老百姓依然仰视着他们。现代的君子犯了错，不仅拒不悔改，而且还会捏造一番漂亮的说辞来为自己开脱。

　　丹尼尔·丹尼特在《直觉泵和其他思考工具》中提醒我们：
"犯错的要诀在于不去隐藏它们，尤其不能自我欺骗。与其在我们
犯错后扭脸否认，不如成为自己错误的鉴赏家，打心眼儿里把它们
视作一种艺术品，其实在某种意义上它们就是艺术品。"

　　管理者首先要明确一个事实——每个人在工作中都会犯错，
"交学费"是团队管理中不可避免的事情，关键是不能在一件事情
上重复交学费，学费要交得值。

建立成功日志

　　如果说面对失败容易让人沮丧，那么回忆成功就能给人加油
鼓劲。在建立错误清单的同时，管理者还需要从正面鼓励团队，分
享团队取得的成功，哪怕是下属取得了一点点进步，也值得为之骄
傲。我们的鼓励会强化下属的行为，提升团队的信心。我们可以通
过一份共享文档，定期记录团队取得的进步、业绩和成果。

　　蒂芙妮·艾莉希在《重复做对的事》一书中建议我们准备一个
"夸夸书"。它可以是一个本子，也可以是一份电子文档。从今天
开始，就用它来记录我们给公司、同事带来的益处，不管是直接还
是间接的，都把它记录下来，包括发生时间、相关人员、成果数据
等。当升职加薪的机会来临时，这本夸夸书就是我们坚实的底气、
绝佳的助攻。在我们情绪低落，或者怀疑自我价值的时候，翻看这
本"夸夸书"，也能帮我们更快地振作起来。

　　在职业生涯中，记录自己和团队取得的成绩，就像在职业闯关
道路上打下一个个据点，能够为自己提供持续前进的能量。记录类
似于"夸夸书"的成功日志，会帮助我们不断积累素材，在回顾过
去的时候，感受到成长的价值和力量。

第3章

规范期：

从管理熟手到管理能手

　　在经历了从管理新手到管理熟手阶段的历练之后，管理者会逐步适应工作的节奏，能够应对日常工作中的挑战。接下来进入管理规范期，管理者的任务是让自己变成一个管理能手，能够游刃有余地处理团队中的各类问题。

　　在此期间，我们要学会甄选合适的团队成员，激励他们，激发他们的学习热情，为他们赋能，并做好绩效面谈，积极对标我们的任务目标和核心观点；在成员犯错时，能开展有效批评，帮助他们认清问题，吸取教训；在工作中，善于借助工具的力量，萃取过往的有效经验，打造标准化工作流程；创建有意义的团队氛围，解决团队学习中的痛点问题，让自己在管理能力上更上一层楼。

第 1 节
匹配：如何物色合适的团队成员

骏马能历险，力田不如牛。坚车能载重，渡河不如舟。舍长以就短，智者难为谋。生材贵适用，幸勿多苛求。

——《杂兴八首》（之三），清代诗人顾嗣协

选对人的重要性

对于一名管理者来说，有一件事再怎么重视也不为过，那就是选人。如果说管理是一场游戏，那么选人就是在选择自己的游戏难度。

作为管理者，很多人都有一个共同的感受，那就是自己的团队要是再给力点就好了。如果团队中有个让人头疼的成员，管理者的精力就很容易被分散掉，消耗在各种沟通、安抚、调解和处理原本不应该存在的问题上面。时间长了，还容易出现"劣币驱逐良币"的现象，如果管理者处置不公，那些业绩好的成员被绩效差的成员挤兑走，就会对团队造成毁灭性打击。

管理者不能沉醉于解决一个个具体的问题，按下葫芦浮起瓢，搞得身心俱疲，却效果欠佳，而应该格外关注团队成员的表现，了解他们的工作职责、性格特点、优势劣势、工作动机、价值观、个人情况、家庭情况及其对未来工作的职业发展思考等。如果人不对，事情就很难做对，再怎么补救，也是治标不治本。

员工优秀率被稀释是管理中大多数问题的源头。假如我们招聘了一个不合格的员工，就可能会把团队的战斗力从 80 分拉到 50 分，甚至 0 分、负分。作为管理者，在团队需要引进新人，或者更换老员工的时候，如何选拔出适合团队的人才呢？如何提高面试看人的准确率呢？

选人的关键匹配点

招人的时候要关注两点：一是**理念趋同**，二是**技能互补**。理念趋同是指彼此的价值观和未来追求比较一致，做事情很容易形成合力，而不是南辕北辙，造成严重的内耗。技能互补则强调求职者能否弥补团队在某方面的短板，提升团队的整体战斗力。很多管理者能够重视技术能力这一考察点，但常常忽略了价值观匹配的重要性。

黄渊明在《新任 HR 高管如何从 0 到 1》一书中说："人与人之间的价值观相互认同是非常重要的，在面试的时候，双方如果能识别出对方的价值观是否与自己匹配，基于这个基础做出是否合作的决策，成功概率就比较高。"

但在实际操作中，我们很容易走入只关注技能的怪圈中。员工技能是合格了，但是把他放到具体的岗位中，却发现他并没有取得预期的效果。出现这种情况的根源可能是员工的价值理念、性格特质与岗位要求、团队风格不匹配。

如何理解价值观的影响呢？价值观决定了员工把什么事情看得更重要。

"以客户为中心"是很多企业挂在墙上的价值观，但是在落地层面上，很多员工（包括管理者）就偏离了这条价值观。例如一家水果连锁店，如果在发现水果有发霉变质的情况下，员工直接剔除坏的部分，然后把剩下的部分制作成果汁出售，而不是直接把水果扔掉，就很难让人相信员工信奉"以客户为中心""把客户当成上帝"这类价值观，因为起码不应该让"上帝"吃变质的水果。如果管理者看到员工把坏掉的水果扔进垃圾桶，却上前批评他，提醒他没坏的部分还可以使用，"以客户为中心"的价值观就在员工心里彻底崩塌了，员工会认为组织的真实价值观是"以成本为中心"，节约一切能节约的费用，哪怕是不该节约的费用。

如果我们的企业坚持"以客户为中心"，就要避免招募"重复利用变质水果"的管理者和员工，因为彼此的价值观有冲突。这类人的加入，会很快稀释企业价值观，后续会引发很多的问题。

除了关注价值观是否一致之外，管理者在挑选团队成员时，还要优先匹配性格特质，而不是只关注经验和技能。

西方企业界有一种说法："雇佣性格，培养能力"。积极主动、有毅力、宽容、谦虚、友善、幽默、有好奇心、有创造力、有合作意识、思维开放等，这些性格特质是很难培养的，因为成年人的性格与价值观基本已经定型。因此在考虑候选人的时候，要格外考察其性格特质。技能可以通过培训、学习、在工作中锻炼得到提升，但是性格特质在短期内是很难改变的，需要在工作中有意识地训练，由此带来的用人成本会非常高。

迈克·米夏洛维奇在《发条原则》这本书中提到应该雇用什么样的人这个话题时，给出的建议更加激进：

应聘者简历上的技能不应该成为招聘的依据。你唯一能传授给员工的就是技能；你会希望把自己的技能传授给他们，让他们按照你的方法完成工作。但技能型工作很可能是个坑。如果雇用的是已经具备技能的员工，这就意味着他们背负着过去工作的包袱。他们会按照自己的方法运用你所需要的技能，而他们的方法几乎不可能是你所希望的。换句话说，最好的情况是你们之间会产生不解与矛盾；最坏的情况是工作需要重做。

你应该雇用这样的员工：自驱力强、精力旺盛、智商高、强烈认同企业文化、愿意执行你分配的工作。这些都是无法传授的无形品质。员工要么具备，要么就不具备。所以，去找具备这些无形品质的员工吧，然后把你唯一真正可以传授的东西——技能——传授给他们。

迈克·米夏洛维奇认为，管理者的任务是确定某个职位的员工需要哪些性格特质，比如注重细节、沟通能力超群或者善于分析，然后再根据性格特质去物色候选人。

这个观点可能和很多人的想法不一样。大多数企业招聘时，都会强调候选人应该具备怎样的技能，总是关注一个人的硬件条件，例如学历、专业、工作年限、技术水平等（冰山上的显性信息），但是对一个人的特质、价值观、性格特点（冰山下的隐性信息）考察得很少。

如果我们招聘的是一个认真负责、学习能力强、热爱这份工作的人，即使当下他的技能不足以胜任，但是通过组织的培训、自学以及安排导师指导，他也能很快上手，这中间无非是需要几个月的学习时间。但如果我们招聘了一个技能达标，但是做事马虎、敷衍的人，接下来才真的让我们感觉头疼。因为这样的人很容易把团队文化稀释掉，把自己的毛病迅速地传染给其他员工，加速团队的内耗，最后造成"劣币驱逐良币"的结局。当团队里的优秀员工忍受不了这类人，就只能选择离开。

融合特质

管人的辛苦，大部分源于招人的随意。如果我们把管人的一半的时间用在精心吸引、挑选候选人上面，出现的管理问题就能比现在少一半。

瓮春春在《HR 招聘技能实操全案》一书中介绍了一家企业选聘员工关系专员这个岗位的故事："面试了许多员工关系专员都不理想，他们仅停留在基本的访谈和表面工作上，很难和一线员工打成一片，不接地气。最后还是从制造干部中选拔了一名基层主管。这名主管之前在零售业当过店长，有充分的和一线人员打交道的经验。调到 HR 部门担任员工关系专员一职后，她很快运用她的人际关系处理经验、接地气的工作风格以及现场一线的背景，将一线员工的员工关系工作开展得有声有色，一线员工的离职率也大幅降低。"

个人特质和工作岗位高度匹配以后，技能培训再跟上，这个岗位的工作就大概率稳了。我把个人特质与工作特质的交集部分称为**融合特质**，当我们的个人特质与工作特质的交集越多，我们工作起来就越得心应手；如果交集越少，工作对个人的冲击就越大，容易让人产生一种撕裂感。例如性格特别内向的人，和陌生人说话容易脸红，如果他去做销售，就需要克服很大的心理障碍，但这对一个喜欢和别人打交道的人来说就没有太大的压力。

图 1　个人特质与工作特质的交集就是融合物质

明朝抗倭名将戚继光在军事著作《纪效新书》中谈及招募新兵的标准："第一，不可用城市油滑之人。但看面目光白、形动伶便者是也。第二，不可用奸巧之人。神色不定，见官府藐然无忌者是也。第一可用，只是乡野老实之人。所谓乡野老实之人者，黑大、粗壮、辛苦，手面皮肉坚实，有土作之色是也……"

首先，不能选用城市里那些圆滑的人，这类人通常面色光润白净、举止灵活机敏；其次，不能选用奸诈的人，这类人神情善变，见到官府人员不在乎、不忌惮；首先可以选用的，就是乡村田野里的老实人，这类人皮肤黝黑、体格高大、生活艰苦，手和脸上的皮肉结实，有常年劳作形成的乡土气色。

曾国藩也和戚继光一样，招募士兵时喜欢挑选具有乡野农夫特质的人，张宏杰在《曾国藩传》中提到其招募标准是"以年轻力壮、朴实而有农夫气者为上。其油头滑面而有市井气者、有衙门气者，概不收用。"

企业招人和部队招募士兵是同一个道理，必须考虑求职者的融合特质是否达到要求。只有融合特质这一指标过关，才能将其作为候选人进一步考察。

改进面试过程

很多企业在面试过程中存在一些问题，防碍了他们挑选到特质匹配、技能符合要求的员工。例如，缺少明确的用人标准，对拟招聘人员缺少清晰的画像。面试官缺少明确的考察标准，大多数时候都是进了会议室以后，面试官才拿到简历。面试官在面试中随心所欲地提问，想到哪里就聊到哪里，更多的时候是靠着自己的感觉，而不是靠着明确的判断标准去确定是否录用候选人。那么如何改进呢？

第一，在招聘一个岗位之前，HR 部门应该协助用人部门画出人才画像，把他们对这个岗位的工作需求和人员想象提取出来，可以通过一张表格把这些问题摸清楚。例如，这个岗位的核心任务是什么？经常打交道的工作对象有哪些？要求候选人具备怎样的特质和能力？

HR 不能在这方面节省时间，随便在网上找一个同类型岗位的招聘广告就对外发布。在拟定技能要求的时候，可以适当放宽一些硬件条件，从而吸引更多的求职者。

第二，在面试之前，对面试官进行一次专门的培训辅导。告知他们面试中应该注意的事项，包括怎样进行提问以及如何分工等。面试时，面试官要重点关注当前的候选人具备怎样的特质（性格、价值观、做人做事的原则等），求职动机（他为什么而来），专业技能、工作经验处于什么样的水平等。

HR 可以在面试之前提前一天或者半天把简历发给所有面试官，特别是用人部门的负责人，让面试官提前了解简历的相关情况，并圈出需要重点提问的内容。

第三，HR 可以给所有的面试官提供一张面试提问清单，方便面试官在现场参考，了解面试的重点问题和考察要点，帮助面试官更快地进入状态。

如果是多位面试官参加，可以对面试官的工作进行分类，明确各自不同的考察侧重点。比如，第一个面试官负责考察求职者的技术能力，第二个面试官负责关注求职者的求职动机，第三个面试官负责测评求职者的价值观，HR 负责掌控整体流程并记录现场情况。

为了提升吸引力，在面试的时候可以告知求职者，他们想要进入的团队大致是什么风格、团队领导的主要履历和性格特点，以此来考量彼此的匹配度。

"ChatGPT 之父"、OpenAI 首席执行官山姆·奥特曼曾说："找到对的人，连空气都是对的。"

在选人和用人上，一定要宁缺毋滥。**在选人上节省的时间，以后都要十倍，甚至百倍地还回去。**

很多时候，团队出了问题，管理者不要像救火队员一样忙着解决各种问题，而是应该冷静下来，认真将团队理顺。人理顺了，一切问题自然也就迎刃而解了。

第 2 节
激励：如何更好地给员工赋能

工作需要被组织起来，物品需要被管理，但人只能被鼓励、激发和引导。这里的"物品"指的是建筑物、信息系统或其他实体的东西。

——《成长第二曲线》，查尔斯·汉迪

明确激励篮子

很多管理者最头疼的事情就是复制像自己一样操心的人，在他们看来，员工的积极性远远达不到理想状态，这就离不开接下来要讨论的员工激励问题。

激励的类型很多，包括金钱、良好的工作环境、和谐的人际关系、培训学习、公开赞扬、有挑战性的目标、晋升机会、弹性工作时间、更多的假期等。很多中基层管理者并没有权限去改变员工的工资、奖金，因此他们总觉得在激励员工方面是巧妇难为无米之炊。

弗雷德·考夫曼在《意义革命：成为卓有成效的领导者》中说："报酬通常总是'一揽子买卖'。它就像冰山一样，工资和福利是可见的部分，但是它们占我们驱动力的比例不足 15%。人们从事工作的 85% 以上的原因在于冰山表面以下的部分，包括尊重、关爱、正直、归属感、成就感、崇高的目标和道德原则。"

　　有一次，我在网上看到一个网友留言说:"其实我们这些基层员工想要的鼓励很简单，有时候仅仅是老大出门前一个真诚的笑容，或者是惊喜地发现工资卡里多发了200元的奖金。就这样简单。"

　　以上种种激励措施，就像一块块积木，需要我们管理者去寻找、挖掘、运用。有的激励积木是现成的，有的需要我们从公司的制度或者惯例中寻找，有的需要我们找领导额外审批，有的我们暂时没有权限启用。

　　作为管理者，我们得评估一下自己拥有哪些激励积木，然后根据团队的特点、员工的喜好进行有效组合。

　　需要注意的是，有效的激励不是我们认为好的，也不是我们喜欢的，而是员工自己想要的。每个员工心中的愿望清单都不一样。

员工最看重的激励是什么?

　　我在得到《管理者沟通训练营》课程中看到的一项调查结果显示，管理者认为员工最关注的三个激励因素是工资优越、工作保障、升职/发展机会，但员工认为最激励自己的三个因素是**对所做工作的欣赏、在各项事务中有参与感、在个人问题上得到体谅和关怀**。这三个因素恰恰是最容易被管理者忽略的（在管理者的排序中均为倒数）。

　　在如何激励员工的问题上，管理者和员工的想法差异较大。要想激励好自己的员工，管理者需要反思，不能仅凭个人感觉去评估员工的需求。

　　曾仕强曾说:"激发员工的工作意愿是管理者的首要任务！中国人只有一个关键，就是愿意不愿意。什么叫生产力？外国的解释对我们是没有用的，中国人的生产力，就是我愿意。我愿意，生产力就高；我不愿意，生产力就低。所以说，管人不如理人，理人不如安人。怎么安人？就是你要关心他。中国人是天不怕、地不怕，就怕人家关心他。你关心他，他的心就被你关住了，他就死心塌地的努力工作！"

举个例子，《大染坊》这部小说中讲述了染厂掌柜陈寿亭收留了从东北逃难过来的一群工人，他们因为日本占领东北，没有办法在之前的染厂谋生，不得不背井离乡。陈寿亭心善，收留了这些人，不仅安排食宿，拿出布匹给他们做衣服，还给工钱，这些举动让逃难过来的东北人特别感动。某天下雨，白金彪（之前在东北的染厂做电工）发现厂房外墙上的电线滋滋地冒着火花，就主动处理了这个隐患。陈寿亭发现后，立刻表扬了他，并让他去账房那里领十块大洋作为奖励。

员工负责认真做事，上级负责给出激励。有个朋友说，他在某部门工作时因为很拼命，也取得了不错的成果，在年度调薪时，部门负责人专门为他写报告，申请单独份额的加薪，这让他特别感动，充满了干劲。

有一次，我和同事老江聊天，我和他之前在同一家单位工作，后来先后调任到集团另一家公司工作。他说，过去那家单位有位领导曾经表扬过我，他到现在还记得这件事情，并和我描述了当时的场景。这位领导早已退休了，也并非我当时部门的分管领导。那时候我只是一个工作两年的普通小主管，和这位领导的接触不多，印象中只是在某次大型活动中，被这位领导推荐去做了一些工作。听了老江的转述，我感到非常荣幸，虽然这位领导没有当面夸奖我，但依然让我感觉如沐春风，这就是表扬与肯定的激励作用。著名心理学家威廉·詹姆斯曾经说过："人类性格中最强烈的，就是渴望得到别人认同的心情。"

对于很多基层管理者来说，手里通常并没有太多的资源可以调用，但这并不意味着我们无法激励下属。我们要常常思考和发现每个团队成员在这里工作的目的和意义，以及自己能够给他们的成长和发展提供哪些帮助与鼓励。

意义驱动

有一次我去集团为新员工做培训，前一场培训由集团副总裁授课。副总裁下课后见到我，谈起我前段时间分享在朋友圈的一张奖杯的照片，虽然他记不清奖项的具体名称，但是很高兴看到我取得了成绩。当时我的感觉是，自己这么小的成绩都被看到和提起，实在是备受激励。

记住员工的代表作和突出业绩，这是见面聊天时激励他人的好方法。用心的领导会格外关注这方面的信息，对下属的优势了如指掌。

某年年底我到集团参加会议，在走廊遇到一位领导，迎面打过招呼以后，本已经擦肩而过的他停下脚步，转身对我说，他看过我在朋友圈写的一些思考，觉得很不错。我有些惊讶，然后笑着感谢他的肯定。他对我说，因为身份原因，不方便给我的朋友圈点赞，但希望我继续写下去，这是挺好的习惯。当时这句话非常触动我，没想到这位领导会在偶遇我时，停下来专门鼓励我。

童伯华在《高效员工管理：写给管理者的 6 个锦囊》一书中讲过一个案例，某家快递公司举办征文比赛，让快递小哥分享他们在送快递过程中遇到的最让自己感动的故事。在这些故事中，我们通过快递小哥的视角，看到了儿女给农村的父母送急救药，父母收到药时欣慰的表情；看到了家长因为出差不能参加女儿的生日聚会，要求快递准点送达生日礼物，女儿收到礼物时惊喜的表情；看到了创业公司老板收到合同书时激动的表情……这些故事被汇编成册，给快递小哥做宣讲，并分发给快递小哥，让他们深刻感受到自己平凡工作中闪烁着的爱与意义，进而发现工作的价值。

积极心理学奠基人、《心流》作者米哈里·契克森米哈赖曾说："如果管理层不把员工视为有价值、独一无二的个体，而把他们视为在没用时就可丢弃的工具，那么反过来，员工自然会把公司当作发薪水的机器，没有其他任何价值和意义。"

管理者的重要贡献是让人的工作变得有意义，而不是把人当工具。我一直有一个观点：**"辛苦"是"发现不了意义"的另一种表达**。很多人工作时不怕苦、不怕累，就怕不知道为了谁。员工在现实工作中找不到意义，找不到成就感，管理者是需要对此进行反思和负责的。

被看见的力量

我们试着一起回想：自己最近一次被上级表扬是什么时候？自己最近一次表扬下属是什么时候？如果时间间隔太久，就说明赞扬这个激励工具没有被有效使用。我们可能并没有关注到下属做得好的地方，或者很快就将其抛诸脑后。杰克·韦尔奇在《赢的答案》这本书里建议管理者："除了当众进行表扬之外，还要将这件事挂在嘴边，一有机会就提起它。"

俞朝翎在《干就对了：业绩增长九大关键》一书中分享了一个案例。以前俞朝翎手下有一个富二代员工，家里特别有钱，因此不论发多少奖金都无法激励他，这让俞朝翎很头疼。后来俞朝翎在一次谈话中了解到，这位富二代员工在家里没有什么存在感，家人并不认可他，觉得他不成器，没什么价值，但他特别渴望能够在家人面前证明自己，让家人看到自己的价值。了解这一情况后，俞朝翎就改变了策略，有一次在正常发奖金之外，做了一个大大的奖牌给他。这位员工特别开心，他把奖牌带回家，让家人看到他并不是在公司混日子，而是通过自己的努力创造业绩，得到公司的认可。自从家人看到他的变化以后，他每天上班的时候都很开心，工作也更加投入了。让员工的努力和价值被团队看见，被家人看见，被更多的人看见，能够激发出他们发自内心的工作动力。

中国人民大学李育辉教授曾经在专栏文章中讲述过一个故事。某公司在非洲建厂，但是特别头疼当地员工不按时上班，因为他们不看钟表，没有什么时间观念，特别影响流水线的正常运转。管理人员为此伤透了脑筋，不论是做思想工作，还是给全勤奖励，都没有什么效果。后来换了一个"中国特色"解决方案，就是评选劳模，居然特别管用。公司每个季度给按时上班的员工发奖状、戴大红花，还请当地政府的领导出面，敲锣打鼓地把奖状送到劳模家里，让邻居都出来围观。那些优秀员工及其家人都感觉特别有面子，这个并不怎么花钱的办法比加薪的效果更好。让员工的价值被更多的人看见，无形中提升了员工的社会地位和荣誉感。

管理者不必担心找不到理由表扬下属。哪怕再简单的一件事情，如果下属做得好，都应该及时给予表扬和肯定。让别人被看见，哪怕是一个很小的细节。

比如，有一个下属在做表格的时候，排版设计很漂亮，我就会鼓励她："表格做得很规范，简直可以成为大学教材的典型案例。"

她很高兴，以后做的表格质量都不会差。

再比如，我负责招聘工作的时候，有下属去参加招聘会。他在结束之后还拍摄了很多其他公司的招聘信息，并且做了一张表格进行梳理，分析了类似岗位的待遇和要求，帮助我们掌握市场动态。我在公开场合多次表扬他，并且把这件事作为一个典型案例，鼓励大家效仿。这也是在向团队传递一种信息，那就是在做好基础工作的前提下，多往前做一步，多思考，多关注一些外界的信息。

别小看这一点点表扬，特别是在企业文化比较严肃的公司，如果领导吝啬于表扬的话，即使下属做得再好，情绪也会比较压抑，找不到自己在这里的价值和存在感。最后下属要么选择离开，要么选择随便糊弄，反正做得好与坏，领导都无所谓，干脆就偷个懒。

达利欧在《原则》中说："如果你不了解你的员工，你就不知道该要求他们做些什么。你就像在暗夜飞行，如果你得不到想要的结果，就不能怪任何人，只能怪你自己。"

作为管理者，我们要协助自己的下属，去创造他们自己的业绩，去打造他们自己的作品。哪怕是身在职能部门，下属做出了一份模板，改进了一个流程，也都值得表扬。

第3节
授权：管理者如何委派任务

你应当把具体工作授权给员工做。如果你把自己限于细节，你要么存在管理或培训方面的问题，要么手下人能力不济。出色管理者的标志是他不必亲自做任何事。管理者应视自己陷入细枝末节为不良信号。

——《原则》，达利欧

授权的目的和价值

费里斯在《每周工作4小时》一书中分享过一段有趣的经历，当时他雇佣的外包客服总是出现各种问题，需要他去亲自协调。后来他实在受不了，就统计了客服遇到的问题类型，最后发现大多数问题不是多难处理，而是客服权限不够，需要向他请示，得到批准后才能处理。

于是费里斯给所有的客服授权了100美元的权限，凡是花费100美元以内可以处理的事情，客服就不需要向他请示，可以自己做主。接下来神奇的事情发生了，过去90%的客服问题都能在20美元以内得到解决，不需要再上报到他这里。他只用每个月审查一下客服决策的财务结果，后来又改为一个季度审查一次。费里斯每个月节约了100多个小时的时间，而付出的代价仅仅是比他亲自处理问题高出大约200美元的成本，这实在是太划算了。他很满意，顾客很满意，客服也很满意。

　　对管理者来说，有一个不得不面对的残酷真相：**很多事情并不需要你。你要思考的问题不是"我该如何处理好这类事情？"，而是"谁可以处理好这类事情？"，然后找到他们，并授权给他们，你就在这类事务上彻底自由了。**

　　戴维·尤里奇在《领导力密码》一书中给出了授权的定义。他认为："授权指的是给员工提供知识、权力和激励，以便他做出好的决策。如果仅给员工决策权，但没有给他必要的信息来做出正确的决策，那么这是陷他于困境，而不是给他力量。要想授权员工，你不但要分享权力，还要分享知识。"

　　海底捞授权基层服务员，不论什么原因，只要他们认为有必要，都可以给客人免单一个菜或加一个菜，甚至全部免单。这在绝大多数餐厅都是经理才有的权限。这种繁琐的程序会增加处理问题的时间，增加顾客的不满意度，即使顾客最后得到优惠，也不会对餐厅有好感。海底捞的做法在餐饮界引起了不小的讨论，甚至促使很多餐厅改革了顾客服务流程。

　　霍斯特·舒尔茨在《像绅士淑女一样服务：丽思卡尔顿创始人的服务心经》中说："他们（酒店客人）不想等上 3 个小时；他们想找个离自己最近的人倾吐感受；他们希望有人照顾他们，不管是谁都可以。这样他们就会觉得自己受到了尊重甚至敬重。基于这一结论，我制定了一项新政策：每位员工，从总经理到新来的侍应生，都有权动用最高 2000 美元的资金来让客人开心。"

　　很多老板、管理者担心授权会引发混乱，于是把很多事情的决策权和流程控制在自己手里，也许混乱没有发生，但是大量的损失都藏在了看不到的地方。

　　《熊逸讲透资治通鉴 3·秦汉风云》专栏中曾经提到："项羽这

种业务能力突出的统帅通常都会有 3 个弱点：一是很容易凡事亲力亲为，毕竟下属各个都不会比自己做得更好；二是太容易看到下属的不足，怎么看怎么不顺眼，而这种心情长期下来是很难掩饰的；三是在选拔人才的时候，很容易提拔那些和自己相似度高的人，久而久之队伍就变得同质化了。"

有时候，管理者能力太强，对下属来说可能是一个灾难。这类管理者喜欢亲力亲为，很多事情在他们手上就已经得到了解决，往往只剩下没有太大难度的后续工作需要下属接手。等到管理者晋升后，想从下属中选拔接班人时就会发现，没有人能够胜任，因为下属都习惯了依靠管理者，而不能独立完成有难度的工作，得不到应有的历练，成长就被耽误了。因此，对于从业务高手转型过来的管理者来说，最重要的一件事情就是克制自己的个人英雄主义。

敢于授权

斯坦利·麦克里斯特尔在《赋能》这本书里分享过一个观点，**如果球员在每一次传球之前，都需要获得教练的书面授权，就无法赢得比赛。**

管理者一定要放弃那种"下属做的质量不如我好，所以还是我自己加班做吧"的想法。要敢于授权，敢于接受下属在一定时期内做得不如自己的事实。要有容纳下属在具体业务上超越自己的胸怀，并且鼓励下属、辅导下属，尽可能地缩短下属逐渐成长直至赶超自己的时间。

威廉·安肯三世在《别让猴子跳回背上：为什么领导没时间，下属没事做？》一书中表示："事实上，在建立对员工的信赖时，最大的障碍是来自于你恐惧员工可以独当一面。这也是为什么每只离开你的猴子，你应该授予自由程度的原因。"

如果下属能把一项工作做到七八十分的程度，你就可以考虑把这项工作交给他。**很多时候，管理者不是做得太少，而是做得太多了。**

匈牙利医生伊格纳兹·塞麦尔维斯曾说过这样一句话："在医学上有一个头号秘密是：绝大多数疾病都可以自愈并不需要医生插手。另一个秘密是：反复治疗一个本可以自愈的系统，可能会让这个系统最终无法自愈。"

一个人的时间和精力是有限的，协调团队工作的管理者必须要抓方向，做统筹，给员工调动资源，为他们加油鼓劲，协调内外部的各项事务。也许管理者在某些具体业务上水平一流，但是判断一个管理者做得好不好，不是以其业务水平为核心标准的，而是要看团队的整体战斗力。管理者有责任和义务带动员工，打造他们在各自模块的顶级战斗力。换句话说，管理者自己优秀还不行，必须带出优秀的团队。

中国人民大学哲学院教授葛荣晋在《道学二十讲：老子的人生智慧》中说："一个高层的现代企业领导者，要想真正做到在'大事上有所为，在小事上有所不为'，就必须在使用干部上实行'君无为而臣有为'的管理方法。在中国古代，人们从历代治国成败经验中，早已认识到'君闲臣忙国必兴，君忙臣闲国必衰'的道理。"

在实际工作中，如果你放手让下属去做，但是下属总是不放心，经常跑过来问你，怎么办？前微软中国区总裁吴士宏在《越过山丘：打破人生与事业的迷障》一书中教了我们一个策略——"三问一给"。

第一问："你怎么看这个问题？"

第二问："你认为应该如何解决？"

第三问："你觉得这样做可以解决吗？还有解决方法吗？"

在对方思考和回答的过程中不要打断他，不管是建议还是指示，都留到最后再"给"。管理者不要轻易扮演诸葛亮的角色，卯足劲地给下属出主意，而是要善于"装傻充愣"，多让下属表达自己的想法。

抓住方向盘 ◢

《荀子·王霸》中有一句话很经典："主好要则百事详，主好详则百事荒。"大意是：如果君主善于抓要领，那么各种事情都会被处理得细密完备；如果君主喜欢什么都管，那么什么事情都会被荒废。

在工作中，如果管理者管得太死，凡事都需要下属汇报，下属就不愿意动脑筋，遇到任何问题，未经思考就直接丢给管理者。管理者给了指示，就按照指示办事，反正出问题了也不是自己的责任；管理者没给指示，自己就等着，即使事情快到截止日期了，也不着急，反正已经汇报了，跟自己也没关系。如何解决这样的问题呢？

第一，上级要抓重点，不要凡事都想控制细节。

管理者和下属一起把所有工作列一个清单，然后逐一分析，哪些事情可以完全由下属自己做主，哪些事情需要阶段性汇报或者出现例外情况时汇报，哪些事情必须立刻汇报，然后定期更新这个清单。

如果管理者授权下属做某项事情，但又忍不住去询问，甚至给出行动意见和建议，下属就会下意识地让出指挥权。这时候一定要警惕，不是下属不给力，而是管理者总干预。

第二，由下属自己做主的事情，即使他做得不对，也不要立刻干预。

你可以过两天带着下属事后复盘，问问他有哪些环节做得不够理想，再借机给他提一些意见和建议。一定不要在当时就干预下属的决定（除非涉及重大事项），尤其不要当着下属的面去否定他，因为你已经授权给他了，即使他做得不尽如人意，也不要否定他在这方面的自主权。

第三，作为管理者，一定要时刻注意克制自己，业务能力强的管理者尤其如此。

如果管理者担心自己忍不住会去干预下属，就提前给自己设置一个标准，如果下属的决定没有造成一定额度的经济损失和一定程度的负面影响，就不去越过这条线去纠正他的决定。其实很多事情这样做也行，那样做也差不多。如果你去纠正，也许并没有什么太明显的效果，还会让下属丧失自信心，开始怀疑自己的决定以及和管理者的默契程度。

第四，授权给下属的事情，如果下属做得不好或者出错了，直接责任在下属，但最终的管理责任还是在管理者身上。

也就是说，在上级面前，管理者必须背下属的锅，然后再回过头来辅导他。

湛庐文化的创始人韩焱在《把思考作为习惯》中曾经提到公司刚搬到新办公地点时，为了激发员工的创造力，她给员工放权，让他们自己安排自己想做的事情。结果过了一段时间，员工的离职率反而上升了。后来她才明白，员工离职的原因不是压力大或者没有事业心，而是员工找不到工作的重点，不知道该往哪个地方发力。虽然很多下属能力强，态度也积极，但很多人还是希望得到明确的工作指令。

托尼·法德尔在《创造：用非传统方式做有价值的事》中提醒管理者在授权的时候不能过于放手，"你不能因为给予他们太多的自由度而失去对研发进程的把控，更不能让产品变得面目全非；你不能因为担心显得霸道而滑向平庸。你的手即便不放在产品上，也应该放在方向盘上。"

学会有效授权，是从管理熟手跨越到管理能手的关键。哪怕刚开始做得不顺利，也不要轻易放弃，而是要持续总结遇到的问题，不断修正授权的级别和具体流程，让自己的时间得以解放，让下属的主观能动性得以发挥。

第 4 节
绩效面谈：如何与下属拉齐认知

作为带团队的人，你的发展晋升其实取决于团队的整体绩效水平，那么绩效面谈就是你对团队的绩效水平、工作方式进行干预的重要时刻。

——《沟通的方法》，脱不花

我在工作中发现，很多管理者都不太情愿去开展绩效面谈这类"艰难"的对话。和下属聊业绩问题、谈下属的缺点，是一件让双方都不愉快的事情，管理者下意识地想逃避，要么干脆只告知结果，要么匆匆走个过场了事。他们甚至认为，这样的对话自己最好不参与，由 HR 去完成就行。

蒂莫西·费里斯在《每周工作 4 小时》中提到："通常，我们最恐惧的事恰恰是我们最应该做的事。一个电话，一次谈话，无论是什么事，正因为担心未知的结果我们才不敢去做。"

对管理者而言，和下属正式地进行绩效面谈，反馈其业绩结果和行为表现，是增进了解、鼓舞人心、提出改进意见的最佳时机。只需要掌握一定的套路，就能帮助自己克服心理压力，做好面谈准备。

绩效面谈的前期准备

管理者在开展绩效面谈时，首先要做的就是要调整好心态。

第一，绩效面谈是自己的事情，不是 HR 单方面的职责，更不是可有可无的例行任务。如果总是逃避这种艰难的谈话,就会在以后花费更多的时间和精力去应对可能发生的风险。

第二,面谈的核心是解决下属,特别是业绩落后的下属的情绪问题。管理者要帮助他找到问题所在,提供资源支持,先把他的心气儿提升上来,才可能带来状态和行动的变化。俞朝翎在《干就对了:业绩增长九大关键》中分享了他的思考:"对话的核心是解决他的情绪问题。当对话结束时,他内心的负面情绪已经一扫而空,困扰他的问题也解决了,整个人的状态也就不一样了。"

第三,给出实质性的指导建议和资源支持。对每个下属都要询问:"为了帮助你取得更好的成果,需要我做些什么?"如果下属强调客观困难,就和他一起把困难列出来,然后帮他寻找解决问题的方法和资源,而不是单纯地加油鼓劲。

为了更好地开展谈话,管理者需要提前准备好谈话内容、资料,不要只在大脑中思考一遍,然后靠现场发挥,这会导致自己遗漏一些重要的谈话内容。

绩效面谈的注意事项

第一,绩效面谈的第一责任人是管理者自己。

绩效面谈是管理者必须亲自履行的职责,因为这关乎团队成员的快速成长。你需要把绩效面谈放在优先级更高的位置。当然,你也可以借助外部力量来协助你,消除你和下属之间的盲区,比如说让 HR 给你提供更多的信息,例如下属往年的业绩、其他人的评价,以及绩效面谈的注意事项等。

第二,提前做好沟通规划。

有些管理者在进行谈话的时候,似乎总是在赶时间,如果你只在两次会议的间隙找下属匆匆聊 10 分钟，谈话的效果就可想而知。如果你带的人比较多，不要一次性叫很多人来等候谈话，这会影响下属的工作安排，而且你也会很有压力，着急着结束谈话。谈话时，尽量选择无人打扰的环境，例如会议室。在时间上，可以询问下属："你今天下午 4 点方便，还是明天上午 9 点方便？"给对方掌控感，而不是你直接定一个时间。

提前准备好相关资料，例如请对方来之前提交个人报告，包括总结、阶段性业绩，以及其他体现其工作态度和行为表现的材料。无论表扬或批评，手里都要有依据，而不是仅仅谈感受。

第三，给下属表达的机会。

不要全部都是你自己在说，下属在听。你要给下属足够的表达机会，让他谈谈他自己的未来规划、过去你不了解但他做得很好的地方、遇到的困难、需要的支持，等等。这会让你更加全面地了解下属，做出更客观的评估和帮扶。

第四，绩效面谈的核心要点。

一个简洁的绩效面谈清单，可以从三个方面给予下属反馈。

1. 希望下属继续保持的行为。

2. 希望下属停止或者减少的行为。

3. 希望下属新增加的行为。

反馈时，对每一类行为进行解释和说明，阐述你为什么这样要求、这样做的意义在哪里、对下属的成长有哪些帮助、能够给团队带来哪些改变，等等。

第五，做好持续沟通与反馈。

这一次沟通结束，可以提前约定下一次沟通的时间。这代表了你很重视这件事，不是说说就结束了，需要下属确认接下来的动作，让下属带着行动方案走（而不是情绪），并确定后续沟通的时间，直到这个问题被解决，而不是仅仅被告知。沟通只是解决问题的起点，而不是终点。

从绩效面谈到日常辅导

绩效面谈的工作不只在年终考核后进行，在平时也要加强这方面的反馈，定期关注团队动态，帮下属拉齐认知。

瑞克·帕斯托在《当一天优秀的人》中建议管理者每周给花30分钟和每个直接下属交谈。这看起来会花费很多时间，管理者的第一反应也许是下意识地拒绝，但这件事情是很有价值的，不仅能避免管理者和下属关系疏远，还能让管理者从一天到晚回应下属提出的问题和要求中解脱出来。

《德鲁克管理思想精要》中提出了更高的沟通时间要求："与他人只接触两三分钟，是绝不会产生什么结果的。要想与他人进行有效的沟通，顺利完成工作，总得花上足够的时间。如果一位知识工作者认为他与下属讨论一项计划、一项方针或是一项工作表现，只需15分钟就够了，那么他一定是自欺欺人（许多经理人员就是这样认为的）。如果你真想影响别人，那么至少需要1小时，甚至是更多的时间。如果你想和别人建立良好的人际关系，就需要更多的时间。"

管理者在具体操作上，可以参考以下建议。

第一，集中时间安排一对一面谈，每周选择固定的一天或者半天，让团队知道这段时间是专用的谈话时间，大家都可以提前做好准备。

第二，创建笔记，给每个下属新建一份单独的文档，随时记录管理者准备和下属沟通的谈话要点，而不是临近谈话时间再匆忙思考交流的内容。管理者可以借助同步笔记软件来记录平时观察到的行为，包括下属做得好、准备表扬的行为，下属做得不好、准备提醒的行为，以及希望传递给下属的其他信息。

第三，先让下属说 10 分钟。一对一谈话的重点不在于指导工作，而在于真正了解下属，加深彼此之间的沟通，逐步建立信任关系。管理者要克制自己"主动说"的冲动，给下属优先表达的机会。表达的内容不局限于工作，可以谈谈自己近期的工作和生活感受、有没有遇到什么困难、最近关注哪些事情、有什么样的兴趣爱好，等等。

第四，在下属充分表达自己的基础上，管理者可以给自己 10 分钟的时间，结合自己观察到的现象，谈谈对下属工作的反馈、近期关注的重点事项、自己的思考等。最后 10 分钟，可以回顾上次谈话的内容，约定改进的事宜，看看落实情况如何，并针对下属的下一步发展，明确努力方向和具体行动。

第五，保持谈话这件事情的优先级，避免被其他工作事务冲击或者取代。让下属看到管理者对谈话的重视。管理者足够重视谈话，下属才不会掉以轻心。工作中，凡是想在沟通上节省的时间，最后可能都加倍还了回去。

日常辅导看似简单，但要想取得良好的成果，需要长时间的积累。团队里有了人才还不行，还必须对人才进行有效的管理和辅导，才能形成更强的团队战斗力。

管理者不要只给下属打分，而要帮助他们得到高分。充分做好绩效面谈，保持高频率的辅导，是确保下属取得高绩效的必经之路。

第5节
批评：如何帮助下属从错误中成长

我年纪还轻、阅历不深的时候，我的父亲教导过我一句话，我至今念念不忘。"每逢你想要批评别人的时候，"他对我说，"你要记得，这个世界上的人，并不是个个都有你拥有的那些优越条件。"

——《了不起的盖茨比》，菲茨杰拉德

管理者要不要批评下属？

被人批评是一件很难受的事情。诺曼·文森特·皮尔说过："人们宁愿被盛誉摧毁，也不愿被批评拯救。"

作为管理者，不论我们有怎样的性格特点和工作风格，都会因为工作角色的需要，去完成一些挑战性格底色的任务。例如，性格内敛的管理者需要在一定的场合表现出强势的一面，特别是需要批评和纠正下属的时候，要有敢于直面这种艰难对话的勇气。

宫玉振在《铁马秋风集：企业如何向军队学打胜仗》一书中提到："卓越的领导有一个共同的特点，就是平时温和友善，关心下属，但该采取强硬措施的时候，一定会非常坚决，毫不含糊。"

管理者应善于运用批评这个工具，这是否意味着就一定要批评下属呢？

美国网飞公司的创始人哈斯廷斯在《不拘一格》这本书中分享了自己的管理思考："当你的员工做了一些蠢事，不要指责他们。

相反,你应该问问自己,你在情景设定上犯了什么错:在阐释战略目标的时候,你有没有讲得足够清晰并且让员工受到鼓舞?你有没有阐明所有的可能性和风险,从而帮助你的团队做出正确的决策?你和员工在观点和目标上有没有达成一致?"

下属出现问题的时候,不要着急骂人,先想想下属的错误是哪一种情况造成的。

在《清单革命》一书中,作者阿图·葛文德把人的错误分为两类:第一类错误是**无知之错**,犯错的原因是我们没有掌握相关知识;第二类错误是**无能之错**,犯错的原因并不是我们没有掌握相关知识,而是没有正确使用这些知识,属于"知道但是没有做到"。无知之错可以被原谅,因为解决此类问题的最佳方法并没有被找到,只要下属尽力了,就可以得到谅解;但是无能之错就难以被接受了,因为下属知道怎么做,但是却没有做到,这种情况很容易让上级火冒三丈。

《我的财富观:安德鲁·卡内基自传》一书中提到:"经验告诉我们,温和才是最强大的力量。必要时轻微的处罚是有效的;对于首次犯错的人来说,重罚是完全没有必要的,明智的宽恕往往才是最好的办法。"

当下属在工作中犯错的时候,不要轻易地指责他们。因为指责不仅于事无补,反而会降低下属的积极性,打击他们的正面情绪,影响后续工作的效率和质量。很多时候,我们在和下属沟通工作时,并没有把自己的想法全方位地传递给员工,以便让下属更好地把握我们的意图。下属可能只是听了一些片段性的指令,再加上自己缺少足够的信息和理解力,从而把一些事情做偏了。

这类问题的根源不在于做执行工作的下属,而在于管理者。把问题的根源锁定在我们自己身上，刨根问底，才能够在根本上避免同类问题的发生。

《清醒：如何用价值观创造价值》的作者弗雷德·考夫曼建议，管理者应该经常这样发问："有没有我需要或不需要做的事，能让你们感到和我一起工作更简单？"

我看到这句话的时候立刻就被触动了，这实在是一个好问题。如果上级真诚地询问我们这个问题，我想每个人心里都能说出几条在心中蕴藏已久的建议。

把批评看作正面的反馈

记得在《人民的名义》这部电视剧里，每当自己分管的工作遇到问题时，达康书记通常会和上级坦诚地说："沙书记，这件事情我有责任。"先把责任揽下来，接住领导递过来的批评。有问题时不回避、不遮掩，千万不要想着甩锅，否则不仅给上级留下做事不靠谱的印象，还容易被贴上做人没有担当的标签。

当下属工作出现问题，向达康书记汇报时，他常常会说："现在不是讨论责任的时候，你们先说说下一步该怎么做。"把批评的冲动先按住，让所有人的目光聚焦到亟待解决的问题上。

我们批评下属时，常常容易忽略一个前提，那就是下属并不拥有我们的视野、经验和信息，我们认为理所应当的事情，对于下属来说可能是盲区。

批评下属，不是单纯地为了发泄情绪，而是要帮助下属回到正确的轨道上。用威廉·阿瑟·沃德的话来说就是："明智的做法是把你的愤怒指向问题，而不是指向人，把你的精力集中在寻求解决方案上，而不是集中在寻找借口上。"如果以这样的沟通心态去和下属沟通，会更有目标感，更容易把握分寸。

批评要注意场合，也要看人下菜。面对脸皮厚、抗压能力强、配合默契的下属，领导控制不住脾气骂一顿倒也没太大关系，对方没一会儿就可能带着新思考的方案转悠回来。如果是面对性格比较内向、很在乎别人看法、情绪管理能力比较弱的下属，搂不住火的后果还是挺严重的，所以要克制。

如果批评能解决问题，就批评；如果批评解决不了问题，反而会产生新的问题，就得好好掂量一下了。

例如，如果我们担心下属面子薄，需要很长时间调整情绪，容易影响接下来的工作配合，那么针对这一类下属，我们就可以尝试着在进行绩效反馈的时候，给批评的外表贴一层"糖衣炮弹"。

谈话时，首先告诉下属，对方所做的哪些事情或者哪些工作习惯非常好，我们希望他继续保持下去。这是"糖衣"。

其次，我们希望对方停止哪些做法，这些做法会给他本人或者团队带来哪些不利影响。这是"炮弹"。

最后，我们希望对方开始做哪些事情，这些事情对他本人、对团队的意义是什么。这是共建新的"攻击目标"。

拉波波特法则

好的沟通方法大概是以"糖衣炮弹"的形式出现的，外表柔软，容易让人听进去；内核很硬，有扎实的逻辑基础。当我们想给别人提意见，甚至是想批评别人的时候，一定不要不顾他人的感受，像竹筒倒豆子一样一股脑地说完自己的想法，不管他们是否愿意听、是否能听进去。

丹尼尔·丹尼特在《直觉泵和其他思考工具》一书中分享了一

个关于批评的建议方案——"拉波波特法则"：

①你应该非常清楚、生动、不偏不倚地重述对手的想法，使得你的对手说："谢谢你，我刚才要是像你这么表述就好了。"

②你应该把对方观点中你所同意的部分都列出来，尤其是那种并非被人们广泛接受了的观点。

③你应该提到那些从你对手那里学到的东西。

④只有完成了以上三点，你才能说一句反驳或批评的话。

如果我们能按照这个法则执行，讲话时的急躁情绪就会立刻降温。如果我们无法做到，就不要轻易提出批评意见和建议。尽管我们可能是出于好心，但这会给他人，甚至也给我们自己带来很大的困扰。

用四个问题把批评变成辅导

几乎没有人喜欢被批评。有位领导说，职场人要提高自己的抗压能力，经得住批评。上级批评我们是关心我们，希望我们进步，如果上级不关心我们，他压根儿就懒得说我们。

这话当然没问题，但是有一个前提，就是双方对批评这件事有这样的共识。或者说，下属对上级的做法有完全的信任和了解，并不断地调整自己的姿态，去适应和匹配上级的风格。基于这样的共识和信任，批评才不会过于影响情绪，进而影响工作。

但很多时候，上级和下属之间并没有达成这样的共识。再加上有些上级批评人的时候，没有注意策略，搂不住火，更容易让彼此以后的配合产生裂痕。批评的本质是我们的语言和行为在别人脑子里的投射。很多时候，上级批评我们，不是对我们的动机和努力的否定，而是对过程的失望，对结果的遗憾。如果我们因为被上级批评，内心里就产生"以后我不这么拼命了，反正上级也不认可我的努力"的想法，实在是双输。

如何把批评变成辅导下属的机会呢？我们可以依次问四个问题。

1. 你给这项工作打几分（满分 10 分）？
2. 既然不是满分，你觉得差距在哪里？
3. 如果以后再处理类似的工作，你会如何改进？
4. 你能把这个案例记录下来，并分享给团队吗？

记得有位商界领袖曾经说过一段话，大意是：如果接受不了批评，经受不了挫折，那就说明我们还没有长大，我们不应该出来工作，而是应该回到家里待着，只有家才会包容我们的一切。但是，对于管理者来说，很多员工可能暂时无法拥有强大的抗压能力，因此，批评需要讲究方式、方法。

管理者的批评，应该是为了重启一个人，而不是打击一个人。

管理者的口头禅训练

管理者通常对自己的处世境界与容人格局比较自信，但是如果管理者自己遇到了批评，也免不了本能地反驳，更何况普通员工。

因此，为了提升批评的有效性，降低为批评而批评的频率，管理者应注意平时的口头禅，将"批评指责式"的口头禅调整为"引导启发式"的提醒。

例如，"你不要和我讲困难，我只要结果！"这样的话会让下属很沮丧，他们肯定是遇到了自己没有经验或者没有资源去处理的问题，需要上级的帮助。我们可以说："这件事情的确有难度，你需要我给你哪些支持？"

"你这样干肯定不行！"如果上级总是这样说，就会打击下属的积极性，再加上上级没有给出具体的意见和建议，下属会找不到头绪。我们可以试着说："谈谈你当初是怎么想的？""我给你一个新的思路，你愿不愿意去试试看？"

例如以前我指导一个下属写新闻稿，她总是很容易出错，于是我就建议她把所有出错的情况统统记录下来，形成一份错误排查清单。以后每次写完初稿，先对照清单自查一遍，就能有效降低错误率。如果我总是质疑她："为什么又犯这个错误？"她就会变得更加小心翼翼，不敢采取行动。如果我换一种方式提问："怎么做才能避免出现这类问题？"我们就把所有的目光聚焦在寻找解决方案上。这不仅让我不再那么咄咄逼人，而且更能启发她提出建设性的意见。

管理者可以留心自己和下属谈话时的口头禅，并且有意识地进行记录。当然我们也可以坦诚地请下属指出我们的习惯用语及其给他们的感受。

以前我遇到一个新员工在转正申请表里写道："希望上级能够更加和颜悦色地指出问题，而不是总是批评。"显然，上级的做法已经影响到他的工作情绪了。他需要花额外的时间和心力去消化这些情绪，这对工作投入度是有影响的。

管理者在很多地方都可能无意识地伤害到团队的战斗力。高效的管理行为是激发一个人的善意，而不是激发一个人的对抗情绪。因此，关注、改进自己的口头禅是很有必要且很有效果的事情。

管理者要面向未来，思考如何进行改进和优化，而不是紧盯过去，简单地问责和泄愤。

第 6 节
工具：善用工具，提升效率

组织和组织之间最大的差别，是对于工具使用能力的差别。

——理想汽车董事长兼 CEO 李想

工具的价值

我们小区附近有两家面馆，其中一家面馆完全靠人工，老板用一个沾满油渍的本子记录客户的点餐信息，服务员送餐时基本靠扯着嗓子喊，不仅效率低，还容易出错。另一家面馆引进了一套点餐系统，顾客点餐后，老板会给一个号牌，找到座位后，顾客只需要把号牌放在桌子上，服务员就能直接看号牌送餐，十分便捷。点餐软件成为面馆提高效率的工具。

关明生在《关乎天下：中小企业赢的秘诀》一书中提到，阿里巴巴在当初只有几十名销售人员的时候，就投资一百多万元建立 CRM（客户关系管理）计算机系统，一方面能够把所有客户信息和工作进展录入系统储存，变成企业资产，另一方面能够帮助领导更好地掌握业务信息，妥善分配资源。CRM 系统成为公司的管理工具。

贝佐斯在 2017 年致股东的信中写道："在亚马逊，我们不用幻灯片（或任何其他类似的形式）做文稿演示，而是用叙事的形式写一份 6 页备忘录。每次会议开始时，我们都会在'自修室'一样的会议室里默读一篇备忘录。"会前先准备不超过6页纸的材料。会议开始后，前面1/3的时间让所有参会人员默读汇报材料，再用后面2/3的时间进行讨论。备忘录是帮助亚马逊提高开会效率的工具。

据说贝佐斯开会时，会在会议室放一把空椅子，然后告诉经理们，这把椅子上是这个房间里最重要的人物——消费者。虽然他们不在场，但公司所有的决定都必须要充分考虑到消费者。这把椅子就是亚马逊提醒经理人关注消费者需求的工具。

桥水基金创始人达利欧在《原则》中介绍了他们发明的很多管理工具。

教练：实际上是一个庞大的案例库，方便员工搜索。

集点器：开会时使用的App，方便员工表达自己的想法、评价他人的想法，并进行可信度加权的投票表决。

棒球卡：员工的个性化档案，例如一个人的强项、弱点以及相关的案例，方便了解员工，并在寻找合适的项目人选时进行参考。

问题日志：记录员工犯过的各类错误，供他人参考。

痛苦按钮：这个App方便员工记录自己的痛苦感受，例如气愤、失望、沮丧等，以便在清醒的时候再进行反思。痛苦记录可以公开，也可以设为私密。

此外，还有告诉员工在遇到争议时如何处置的分歧解决器、员工写给高层看的每日更新、进行会议决议和承诺追踪的契约工具，以及流程图、政策和程序手册、量化指标等。这些工具是桥水的发明，也为桥水的进一步发展提供了强有力的支持。

因为东西方文化差异、企业发展阶段不同、员工基本素质不同等原因，我们无法把桥水的这些管理工具直接复制到自己的团队中使用，但是其构建思路值得借鉴。我们可以摸索并建立自己的管理工具。

建立管理工具

在日常工作中，可以每周或每个月拟定一个"改进主题"，针对某一类重点问题进行整改。管理者还可以制作业绩趋势图、行为改善趋势图，帮助员工明确当前团队的主要任务，调整自己的关键行为。这类表格可以贴在办公室门上，或者是大家随时可以看到的地方，让每个人看到团队的目标和自己的承诺，形成"比学赶超"的氛围。

业务问题优先于管理问题。当业务发展遇到瓶颈的时候，管理问题就会频繁产生，内部摩擦和冲突也会随之增多。对新任主管来说，在事前多思考，多想办法，找到适合自己的管理工具，比事后出了问题再去纠正更节约时间。

过去，我在给团队开会的时候，特别喜欢在白板上面写写画画，很快就能够把思路讲清楚。如果只是口头表述，就很容易出现信息遗漏和误解的地方。

万维钢曾经《精英日课》第二季专栏文章中说过："做事要靠工具，如果你和一个胖子说减肥很重要，他肯定能理解，他也愿意减肥，但事实上，大多数胖子都减不了肥，有很好的计划和意愿，不代表就能把事情做成。要想真正做成事情，对个人来说，关键是养成良好的习惯，对公司来说，关键是工具和计划。"

之前我在一所学校工作的时候，提出了"**常规工作流程化，重点工作项目化，特色工作品牌化**"，可以简称为 **RKC 模型**：

常规工作（Routine work）流程化：就是把团队中经常处理的事务性工作全部做成标准化的流程，做到换一个人执行也能立刻上手。

重点工作（Key work）项目化：就是对于重要的活动、比赛，采用项目管理的方式进行统筹，拟定非常详细的时间表、分工表和工作手册，让每个团队成员都能根据自己的特长领取一个项目，作为自己的标杆业绩。

特色工作（Characteristic work）品牌化：就是重点打造我们团队中做得比较有特色的工作，争取获得高级别的奖项和媒体宣传，形成可供其他组织和团队借鉴的品牌项目。比如说有一些很有价值的特色活动，我们可以每年都举办一次，形成品牌化效应，坚持持续冠名，逐年打造影响力。

第一年做流程手册的时候，我全程参与，然后把全部流程书面化，收集好文案、流程、推进表等资料，做成一份傻瓜式的流程手册。例如我负责培训工作时，做了一本将近100页的培训手册，把从培训需求调研、项目策划开始，到培训方案撰写、培训物资准备、培训讲师沟通、现场布置、主持词拟写、培训前检查清单、拍摄现场照片的示例图及注意事项，再到培训费用报销、培训评估结束的全部细节都完整地写下来，方便其他同事进行"像素级"参考。必要的时候，还可以通过拍摄视频，留存更全面的资料。一个刚入职的新人只要拿到工作手册，就能够轻易做到八十分的水准。这样的话，下属就不需要在很多细节问题上反复和我请示、确认，我也能够有时间去做更重要的事情，而不是被常规工作所牵绊。

做流程手册是为了方便以后不断对项目进行升级迭代，而不是依靠口口相传传递经验，最后因为某个员工的离开而导致工作质量断崖式下降。管理者应该带领团队精英在前面开路，等打通一条道路之后，整理好相关的流程和经验，让后面的员工立刻跟上，快速接手并且掌握好这条新的道路。

在此期间，我们需要和高手交流，读专业领域的经典书籍，参与线上、线下的培训，本质上都是学习更多的管理思维，寻找适合自己的管理工具。

团队问题诊断的六度模型

如果我们是一名空降的团队负责人，不论是跳槽到新的企业、新的团队，还是轮岗、晋升到企业内部的其他团队，通常都会被寄予厚望。由于不熟悉现有团队，我们可以借助一些管理工具，帮助自己诊断和梳理团队中存在的主要问题。借鉴韦斯伯德的组织诊断"六个盒子"理论，我总结了一个**"新团队问题诊断六度模型"**，也就是从团队目标、分工协作、流程建设、激励成长、资源支持和管控力度六个方面进行分析。

1. 目标清晰度：当前团队的现实目标和理想目标是什么？做到什么程度可以得 60 分？什么程度可以得 90 分甚至 100 分？全体成员是否能理解和认可团队目标？下属的个人目标是什么？如何把个人的小目标和团队的大目标整合起来？

2. 分工认可度：当前团队的工作模块划分是否合理？内部分工是否有模糊不清的地方？内部的工作量是否相对均衡？内部对分工协作有没有较大的意见？团队成员的岗位和个人优势是否匹配？本部门和哪些部门的业务关联度比较强？双方目前的协作关系如何？

3. 流程完善度：公司及团队的制度流程建设情况如何？在具体的操作层面，有无完善的工作手册？是更倾向于依靠个人，还是依靠流程去推动工作进展？

4. 激励丰富度：公司的激励政策（薪酬福利等）有哪些？人员晋升、培训、团建、工作环境、文化氛围方面的建设是否完善？员工的整体工作状态是否被激活？

5. 资源支持度：公司分配给团队的资源（人力、物力、财力、品牌力等）的数量及质量如何？自己能调动哪些资源？可以向上级寻求哪些资源？可以给到下属哪些资源？可以从其他部门或者外部合作伙伴借用或者置换哪些资源？

6. 管控松紧度：公司的文化氛围和管理风格是怎样的？授权程度如何？容错度如何？日常管理上是偏紧还是偏松？

查理·芒格曾说："经常对照一下清单可以避免错误。你们应该掌握这些基础的智慧。对照清单之前还要过一遍心理清单，这个方法是无可替代的。"戴愫在《不懂年轻人你怎么带团队》中说："管理学的内核就是用工具来解决现实问题。"当我们还未熟练使用工具的时候，要学会随时对照手头的工具清单，帮助自己更快地进入状态。

避免成为"工具人"

在从事管理工作的时候，我们会遇到很多困惑，总希望拥有更多的知识和工具，但是我们也要注意，要合理使用工具，工具要匹配个人和团队的发展阶段。如果过于强调工具的上线，不关注工具的使用和落地，就容易走弯路。例如有些中小企业的老板参加培训时，看到大企业的各种系统、工具很完善，就想着照搬一套，例如上线 ERP（企业资源计划）、购买 CRM、升级财务管理系统、购买微信小程序、找人开发 App 等，忙活半天，到最后可能根本没有员工使用，造成了很大的浪费。

对个人来说也是一样，我曾经有几年特别迷恋买书，总觉得买了书就能自动获得这些书中的知识。但结果显而易见，贪多嚼不烂，很多书我没有看完，甚至压根没有翻阅过，更别提如何在实际工作中运用书中的方法。以前我还喜欢囤积很多经验帖子、PPT 模板，仿佛把它们存在电脑里我就自动学会了，但实际上它们的利用率低得可怜。工具不在于多，而在于使用频率高、对自己有效。

软件是工具，流程是工具，书籍也是工具，但是工具积攒得多了，我们就很容易成为收集工具的人，而不是使用工具创造价值的人。

吴士宏说："工具永远只是工具，想要改变别人，先要改变自己。要想真的看到下属主动贡献热情和智慧，你得自己先做出改变。"

作为一名管理能手，我们需要借助工具帮助自己提高效率，但同时要注意避免"工具化"，忽略了对人的关注。

第 7 节
资源整合：跨单位协作的原则与注意事项

　　成功不取决于你如何充分利用自己的现有能力，而是取决于你如何有效地塑造周围的生态系统。

　　——摘自《哈佛商业评论》（2022 年 03 期）《帮助领导者在新常态中继续成长》一文，约尔格·埃塞尔

价值交换原则

　　我有一位领导，原先是某大学的党委书记，退休后被我们单位聘为顾问。有一次我陪同领导去一所大学洽谈某项业务。因为是我们对别人有所求，因此我担心这次洽谈还是有一些难度的。

　　和对方大学的相关负责人预约了时间以后，领导让我把这所大学的官网简介、全体校领导简介、近期重点新闻等内容打印一份给他。我在整理资料时，也看了这所学校的书记和几位校领导的履历。我以为我们领导是准备从这些履历入手，寻找一些共同点，以便在聊天时找到一些寒暄的话头。

　　在出发前往这所大学的路上，我向领导请教了他的用意。他说，之所以查阅一些资料，是希望和对方见面聊天时，可以先谈谈他们当前取得的成绩，拉近彼此的距离。然后就可以趁机聊到他们目前遇到的难题，提出我们能帮助他们的地方，做些有价值的沟通，吸引对方。这样就能让对方感觉我们不仅仅是来求对方帮忙，

还能针对他们发展中遇到的难题，提供有效的建议，让对方更加重视我们。

事实情况是，在双方见面寒暄后，领导就谈到他们学校在某类国家级赛事上还没有取得重量级的突破，目前只有二等奖。刚好我们可以提供一些智力支持，协助对方更快地取得更好成绩，毕竟领导之前所在的大学早已拿过一等奖。对方一听，立刻来了兴趣。后来领导又适时地提了一些建议，都是他从官方材料中挖掘出来的话题。

当我们能为他人提供一些专业性的建议，展现自己的价值，向对方表达关切，并能提供一些支持的时候，才能让对方高看我们一眼。接下来的事情，就水到渠成了。

黑石集团创始人苏世民曾说："处于困境中的人往往只关注自己的问题，而解决问题的途径通常在于你如何解决别人的问题。"

在工作中，我们每个人都有自己的上下游环节，有时候问题即使不发生在我们的环节，但是发生在我们的上下游，或者影响到我们的上下游，也可能导致工作推进不下去，进而使我们的工作最终无法形成闭环。因此，**帮助别人解决问题，有时候是解决自己的问题的最优路径**。

京东原副总裁蔡磊在《相信》一书中写道："当你想要动员其他人时，不要一味地表达你需要什么，而是要强调你能为他提供什么——这是我在社会上打拼这么多年深切领悟的一个道理。你带给对方价值的多寡，才是决定你能否吸引到资源的关键。"

《高绩效心智》的作者安妮是深圳市海归协会秘书长，当时她接到一个任务，要做一本海归杂志，除去内容和设计等问题以外，她还需要找大牌厂商和杂志合作，提升杂志的品质和含金量。有一次，她陪同朋友买奔驰车，就在现场让销售帮忙引荐市场部经理，最后以杂志的创意 PPT 打动了市场部经理，使对方同意为这本尚未"出世"的杂志投入五万元的广告。安妮是这样说服市场部经理的："您想一下，假设您投入五万元到其他大众媒体，看到的人虽然很多，可是您的目标受众，可能才几十个。而我们这本海归杂志的读者都是优秀的深圳海归创业者，他们全部是您的核心目标客户。钱要花在刀刃上，我相信我们一定会为您创造价值。"

找到对方的核心诉求，特别是充分展示"我能够为你提供怎样的独特价值"，是开展合作、互利共赢的核心要领。

得到 App 联合创始人、CEO 脱不花在《沟通的方法》中分享了一个故事。有一次，杨天真代理的一名艺人参演了一部大制作的电影，当时众星云集，谁都想在海报中占据一个好位置。杨天真和制片方提出要求，希望她的艺人能够站在海报的中间位置，为了说服制片方，她还给出了自己的方案："你看，能不能先把我们放到海外版海报的中间位置？我们家艺人在海外市场的号召力非常强。虽然合同里没写，但是我愿意协调时间，我们配合海外的发行，至少跑三个城市。"

制片方考虑到电影在海外的宣传效果，面对这样的提议，很愉快地答应了。

在合作中，我们很容易担心提出额外的要求被拒绝，甚至在自己没有说出口的情况下，就先行自我否定了心里的建议，这就非常遗憾了。如果站在价值交换的基础上，在提出自己的诉求之前，先想好拿什么资源去交换，提前帮对方降低合作阻力，给对方一个省心、划算、无法拒绝的方案，就能更好地达成合作。

把事情做到位

《高效学习》的作者曹将曾经分享过一个故事。他的公司组织了一场培训活动，曹将负责给老师做开场主持，他找培训机构的联系人要了培训师的个人简介。一般情况下，培训机构会发一个培训师的通用介绍，一般是几百字的文字材料或者干脆是一张截图。但是这家机构发来的文档是主持人可以直接用的完整话术，从"各位学员，大家上午好！"开始，然后用几句话介绍了本次培训的目的和背景，自然地过渡到培训课题和培训师的经历，最后，鼓励学员认真听讲，积极互动，把培训纪律的事情都考虑到了。

也就是说，拿到这些文字材料后，主持人不用再另行准备串场的话术。遇到这样的合作方，我们肯定会给对方一个大大的赞。对方不是直接提供素材，而是根据我们的场景需要，帮我们准备好完整的解决方案。

记得有一年，我们和某个知名出版社合作，从他们那里获得了一笔赞助，用于开展学术竞赛。本来这只是一次偶然的合作，大概率是一锤子买卖，很难有后续的资金支持。但是我们并没有敷衍了事，把这个工作当成一个常规任务，只求完成即可，而是积极筹划，并创造了多个峰值体验的环节。例如，我们精心制作宣传海报，从多个渠道进行宣传，吸引了几百人参加这次比赛，经过初赛和决赛环节，选出获奖人员。在决赛环节，我们邀请了出版社的工作人员参与，让他们感受现场的氛围。

最后，我们在专门的报告厅举行了颁奖典礼，邀请出版社的相关领导参加。在现场，我们把精心制作的活动手册呈现给他们，包括比赛的全部筹备方案、分工表格、宣传海报、现场照片、颁奖典礼流程、获奖人员名单、精美的证书模板等，手册设计和印刷得很漂亮，封面上专门印制了出版社的 Logo，既方便出版社作为合作成果进行展示和留存，也可以作为以后开展类似活动的参考资料。

当出版社看到我们为了这次活动做出的努力和取得的效果时，非常感动，后来又连续赞助了好几期这个竞赛，把这个竞赛办成了一个双方合作的品牌活动。这些背后的工作，并不是合作方要求我们做到的，而是我们习惯于把工作做到位，不仅收获一次重要赛事的组织经验，还为以后的进一步合作奠定了基础。

新精英创始人、著名职业规划师古典老师说过："为对方的目标做点事情，持续关注对方的成长，能让你们的关系越走越近。"

如果我们在有能力、有余力的时候，为别人的目标送上一些助攻，这不仅是一件非常让人有成就感的事情，而且能给我们带来新的机会。

拿到结果，才是完成工作

在跨单位的合作中，我们不仅要做好自己的工作，常常还需要考虑如何协助别人来达成自己的目标。

以前罗振宇在央视当记者的时候，经常面对被采访者词不达意、条理不清的情况。一段采访，通常拍好几遍都过不了。于是有个老记者传授给他一招，就是让他把被采访者要表达的内容总结一遍，然后分清条理，讲给对方听，再用征求意见的口吻问对方，这是不是对方想表达的意思。对方一般都会说："我就是这个意思。"

这时候就可以引导被采访者，请他用自己的话当着镜头再说一遍。这个时候被采访者就进入了顺畅模式，对着镜头侃侃而谈，记者也能顺利完成采访任务。很多时候，要想让自己的工作取得更快的进展，就必须帮助我们的合作方更好地进入状态。

在开展跨单位合作时，管理者一定要注意关注下属的工作进展，提醒他们如果有搞不定的问题，要及时汇报，不能耽误每个环节的时间进度。

有一次，我们和某单位开展一个合作项目，有一天我感觉项目进度似乎有些慢了，就询问下属具体的推进情况，下属说和某单位的对接人员沟通了某个问题，但是对方没给具体意见，问了两次也没有结果，因此事情就搁置了。我当时有些生气，了解清楚情况后，我打电话给对方单位的负责人进行沟通，根据我们遇到的问题提了两个方案，一个是我们能够接受的保底方案，另一个是尽量争取更好结果的方案。负责人最终同意了第二个方案，我把结果告诉下属，请下属具体跟进落实，并提醒他，到了时间节点，一定要反馈，不要让解决不了的问题留在自己手上。

很多人在工作时，都会有一种"做了就行了"的学生思维，反正事情干了，情况问了，作业交了，最后有什么结果，自己也不负责。这样的工作习惯很不好，**一个进度条哪怕走了 99%，只要没有最终完成闭环，就不能算顺利结束。**

比"做了"更重要的是"做成了"，拿到结果了。让一件事情卡在自己手上，不管是什么原因，都不能推卸自己的责任。如果遇到在自己的经验、能力、职责范围内搞不定的事情，一定要立刻汇报，请求上级支援，帮自己把事情推进下去。

外部资源为我所用

职场小说《我把一切告诉你 1》中的主人公蓝小雨新进入一家集团分公司担任企划部经理，团队人员亟待培训，但分公司资源不足，怎么办呢？蓝小雨采取了借力外部资源的方法："企划部成立后，很多广告公司上门洽谈广告业务。我灵机一动，对于带团队'求知识'有了新想法。凡是我认为有水平的广告人，都要求他们到部门作一次专题培训，讲解产品促销、品牌传播等方面的知识和案例。哼，不是在广告上有求于我吗，那就要付出点代价，呵呵，传道、授业、解惑吧。"

对于管理者来说，我们身边不缺资源，缺的是发现资源的眼睛。

《大染坊》这部小说的主人公陈寿亭，从青岛到济南开染厂，原来厂里的员工都没有带，只带了两个残疾人，放在了新厂的门口做门卫。原来的合伙人卢家驹质疑他这样做会影响新厂的形象，但是陈寿亭心里明白，当客商到厂子里进货的时候，肯定会对门口的"哼哈二将"感到好奇，当他们得知背后的故事时，自然能够了解老板的为人，增强彼此之间的信任感，宣传了口碑。这不仅是发自真心地关怀员工，也是为开展外部合作留下一个契机。

史蒂芬·柯维在《第3选择》中说："生活不是网球比赛，不是只有一方球员才可以赢球。双赢的可能性令生活更加激动人心。人们有能力共同创造出一个令双方都满意的新的结果。"

带着这个思路，管理者可以紧盯自己的目标，梳理内外部可以借用的资源，团结所有能团结的力量，把更多的人拉到统一战线上，为自己赋能。

第 8 节
经验萃取:标准化流程的价值与局限

企业最大的浪费,是经验的浪费。人走,经验留下,人在,经验放大。

——华为创始人任正非

什么是经验萃取?

经验萃取就是通过合适的工具,从过去或别人的做法中提炼出精华知识、流程、方案等要素的过程。经验萃取要求有记录、可复制、可迭代,它是知识管理的重要组成部分,可以挖掘、沉淀、传承优秀的方法论,加速员工的成长,避免重复错误的发生,提高工作效率和组织绩效。

我们对事件 A 进行复盘和分析,萃取出有效的经验,然后应用到下一次的事件 A 中,当然,也可以把萃取的经验迁移到其他类似的事件中。

经验萃取就是沉淀自己的工作方法论,把自己过去的经验梳理出来,形成价值输出。不要小看了这一步,很多人也许做过不少事情,但是我们让他们说出来,特别是写出来的时候,他们就会感到特别为难,无从下手。而经验萃取正是帮助有经验的人提取工作方法论的有效手段。

美团前 COO(首席运营官)干嘉伟认为:"管理者的价值就在

于，把关键过程定义出来让团队去落地。"

让问题不再复发，才叫"改善"，否则就只能叫"处置"。我
们不能满足于处理某个问题，而是要学会处理某类问题。从过去有
效的做法中提取经验，将经验固化为流程，从机制上避免此类问题
的复发。

经验萃取的价值

任正非曾说："要把经验写出来，年轻人看了案例，上战场再
对比一次，就升华了……现在你们要善于把经验写成案例，否则做
完了沾沾自喜，经验还只留在你脑子里，没有传承。"

既然经验萃取这么重要，那么它对我们工作的价值是什么呢？

第一，**业绩展示**。增强我们自己的成就感，同时增加与领导沟
通的机会，我们可以带着萃取的经验和领导汇报，征求他的意见，
请他帮忙补充、审核把关。

第二，**数据防丢**。如果一件事情只有一个人能干，那么他离职
了，或者他的资料不小心丢失了，就会产生麻烦。

第三，**快速上手**。这个很好理解，经验萃取至少能够帮我们提
高 300% 的效率。

第四，**提升复盘力**。现在我的团队已经学会了复盘，很多项目
做完之后，他们会立刻进行会议复盘，把好的经验还有出现问题的
地方全部记录下来，补充到工作手册中。

第五，**解放生产力**。我们形成萃取结果之后，可以打包它并分
享出去，给自己预留更多的时间和精力去做一些创新性的工作。

很多部门负责人刚调入一个新团队的时候，就会感觉很痛苦，
痛苦的根源除了人员建制不完整以外，最重要的就是过去没有留下

过硬的工作流程，因此需要花很大精力去做基础性工作。过去的经验只存在于员工的脑子里，一旦员工调岗或者离职了，工作水准一下子就拉低了。

我们现在做这种打地基的萃取工作，对自己有什么价值呢？很多人觉得这太辛苦了，耗费了大量的时间，还不见得有人能看见自己的努力，当然我们可以参考华为的机制，把经验萃取的工作纳入考核或晋升机制。因为对组织来讲，拔走了这个坑里成熟的萝卜，但是坑没有被填上，也非常不划算。

如果有些工作只有我们一个人会，我们也千万不要觉得这是一件好事。别人有事情都来请教我们，很值得骄傲。但是要知道，如果在一个岗位上，只有我们能够做得好，那么我们大概率就只能在这个位置上待着。因为老板不敢晋升我们，或者给我们轮岗锻炼的机会，因为我们走了以后就没有人能接替我们。因此我们一定要注意，不能沉迷于低水平、低附加值的工作，被平时忙碌的快感和充实感所迷惑。

工作的本质是帮助他人解决问题，不论是帮助我们的客户，还是协助我们的同事。晋升的要义是我们能承担更大的责任，解决更大的问题，这必须得站在我们已经把当前工作做到一定水准的基础上，并且让人无须担心我们的离开会让这个岗位的工作质量产生严重波动。我们只有把自己的经验和做法总结出来，写下来，然后把这些经验分享给别人，才有更多的时间和精力去应对附加值更高的挑战。

萃取经验的流程

凯文·凯利曾说："我们对自己撒的最大的谎言是'我不需要

写下来，因为我可以记住它。'"

　　复盘是聊，萃取是写，关键是用。 萃取经验最重要的就是应用，帮助我们躲避以前踩过的坑。如何做好萃取经验这项工作呢？我们可以从这七个步骤入手。

　　1. 激发动力——我们内心里强烈认为这件事很重要，对我们和我们的团队很有帮助，很值得自己做，并带动自己的下属一起行动。

　　2. 发现问题——找出反复出现三次以上的问题，或者是有三个人都遇到的同样的问题，以及值得被批量解决的问题。

　　3. 撰写初稿——找准一个需要改进的问题或者流程，我们先写一个框架或示范性文档，然后带领下属完成初稿。

　　4. 反复修改——听取此流程相关方的意见和建议，对初稿进行修改。

　　5. 发布初稿——完成 1.0 版本文档，分享给团队相关人员。当然，对于操作类的流程，也可以采用视频形式记录。

　　6. 培训应用——确保团队中的每个人都会使用新办法，避免使用过去的老办法。

　　7. 持续升级——建立检查机制和反馈机制，定期优化升级，发布 2.0、3.0 版本。

　　我参加工作的第一年，部门领导就常常提醒我们：**总结的次数 = 成长的高度**。这个原则的指导下，我们作为管理者，要带头行动，多思考、多总结。如果自己做不到，就别用高标准要求他人。

　　对个人来说，优秀的定义是取得好业绩，把工作做漂亮，高效率、高质量地完成工作任务。但对组织、团队来说，这还不够。特别是当我们是一名管理者时，要把我们的经验总结为知识产品，并教会其他人，能批量复制"优秀的自己"，并在继承我们经验的基础上，每个人能形成自己独立且有效的工作方法论，独当一面。

不要担心教会徒弟，饿死师傅，那些一直舍不得分享的人，常常把自己的一些经验捂过了"保质期"，也错过了和别人交流经验的机会。我的感受是，在教会别人的过程中，也许收获最大的反而是自己。尽快地教会其他人，这样我们就有时间去研究新的任务，承担更大的责任了。

招聘经验萃取案例

当年做招聘主管的时候，由于招聘任务重，面对求职者来面试的比例比较低，通知十个人大概只能来两三个人的情况，我总是很焦虑。如何提高应聘者的到达率，是我特别头疼的事情。

打电话通知应聘者看似是一个特别简单的工作，无非就是收到简历，初步判断一下这个人是否符合基本条件，然后打电话告知对方面试的时间、地点，要准备的一些流程等。但让人郁闷的是，我们打了很多电话，来的人并没有我们想象中多，甚至有些人在答应之后仍然临时变卦，放我们鸽子。

怎样改善这样的局面呢？那时候没有微信，我是通过邮件来联系求职者的，为了让他们更加关注我们的单位，写好邀约面试的邮件就显得格外重要。

当时我在邮件中是这样写的。第一，告知对方需要准备的材料清单，比如说一页纸简历、重要的获奖证书的复印件等。

第二，告知详细的路线图，包括公交路线，那时候还没有智能手机，没有手机导航，我就找设计师画了一个平面示意图，精准地告诉对方，到达我们的面试会议室该怎么走，同时和门口保安打好招呼，让他们帮忙指引。

第三，提供两个联系电话，一个固话，一个手机号码，方便求职者在临时来不了、来了找不到位置的情况下，能及时联系到我。

第四，我在邮件当中告诉他们，千万不要错过这次面试机会，为此我罗列了十个来面试的理由，包括城市区位优势、单位优势、职业选择的机会，以及内外部环境发展机会、提供住宿、为面试者提供午餐等。

优秀的求职者常常会接到很多面试邀请，有时候面试时间还是冲突的，他为什么要选择来我们这里？我们一定要提前给他充足的理由，促成他拍板决定。

邀请别人过来面试不容易啊！写了这十点理由之后，来面试的人比之前多了接近20%，原先打电话通知求职者，十个人中能来三个人，现在能来五个人。求职者掌握的信息越多，对我们越了解，才越有可能被打动，他才会考虑给我们一个交流的机会。

招聘是一场无限游戏。在面试结束以后，对于落选的求职者，我会给对方发一封反馈邮件，告知结果，并且给出有针对性的意见和建议，帮助他在以后的面试中更好地展示自己。

例如："这次面试，您在××方面表现不错，在××方面没有展示出更吸引人的亮点……很遗憾我们这次的岗位空缺名额有限，以后如果有新的空缺，我会第一时间联系您。求职过程中，如果您遇到一些问题，也可以和我联系，我会尽可能地提供一些帮助。也欢迎您给我们推荐合适的人才（附我们的招聘岗位和联系方式）。最后，预祝您早日找到心仪的工作。"

别小看了这个动作，正是有了这样的"多余努力"，后来我们补录了几个候选人，也有一些求职者推荐朋友过来面试。不要觉得这样做是浪费时间，这是在积攒"香火情"，时间一长，就能享受到后期的"香火情红利"。

如何进一步提高应聘者的到达率？作为招聘团队的管理者，可以做好这方面的数据统计，把每个月打电话通知求职者的情况做个记录，然后对比分析，看看哪些地方可以优化。对于好的经验要做好萃取，形成专门的经验文档和流程，分享给其他人。多总结走过的弯路，避免以后重蹈覆辙。

招聘的最终结果，我们可以用一个公式来测算，那就是：宣传覆盖人数 × 信息送达率 × 应聘到达率 × 面试通过率 ×（签约率－毁约率）。

为了方便求职者，特别是在职人士，我们还会安排周末场次的面试。调整自己的策略，方便别人的时间，才能取得更好的工作效果。

第 9 节
团队文化：创造有意义的工作氛围

所谓文化，其实也可以理解为公司氛围，它在工作效率、工作质量等方方面面影响着员工。然而氛围只是作用于员工，其营造却依赖于公司的管理者。

——《可复制的领导力 2》，樊登

团队成员的真正需求

贝弗利·凯和沙伦·乔丹-埃文斯合著的《留住好员工》一书中提到，他们调查了 18000 余名员工，请员工讲述愿意留在公司的原因，以下 13 个回答出现的频率最高（按频率高低排序）。

1. 工作令人兴奋，有挑战性，有意义

2. 老板不错，能提供支持

3. 被认同、赏识和尊重

4. 有职业发展空间，能实现自我提升

5. 工作环境宽松

6. 薪酬合理

7. 工作地点离家近

8. 工作有保障性和稳定性

9. 能为公司的使命或产品感到自豪

10. 能与优秀的同事或客户共事

11. 工作环境有意思

12. 福利待遇良好

13. 对公司有忠诚度和投入度

这份清单给管理者的启发是，如果希望营造良好的团队工作氛围，留住人才，就必须关注员工在工作中是否缺失意义感，自己是否给予了他们认可、鼓励和尊重。可惜的是，在很多企业中，意义感和认可是稀缺品，不是工作的标配，也不是管理者优先考虑的事项。尽管很多公司的企业文化都写得非常吸引人，但是员工一旦进入公司，面对的就是自己的团队和周围的同事。身边的人、事、氛围，才是真正影响员工的团队文化。

微软 CEO 萨提亚·纳德拉在《刷新》一书中感叹："我们花太多的时间在工作上，所以工作应该有更深刻的意义。如果我们能够把个人的相信的价值与公司的长处结合起来，那么我们几乎就可以攻无不克了。"

有意义的团队文化和工作氛围是员工在组织里赚得的精神薪水，但可惜的是，很多员工并没有得到这部分补贴。

想想看，你了解团队成员的真正需求吗？有机会和他们聊一聊，看看你的观点和他们的想法是否有差异。

深度合作

管理者，特别是高级别的领导不一定能注意到，很多下属来汇报工作的时候，都需要做一点心理建设，鼓起勇气，深呼吸一下，再起身前往。毕竟向领导汇报工作，特别是脾气比较急、级别比较高的领导，是挺有压力的一件事。**管理者但凡露出一点不耐烦的表情，下属的汇报都可能戛然而止，草草收场。**

多年前遇到一位领导，当时应该算我上级的上级的上级，平时很少接触。有一次碰巧我的上级和上级的上级都不在，就由我去代为汇报一项工作。我心里很忐忑，汇报时难免紧张，但对方很耐心，讲到关键点的时候，他顺手拿起一支笔，说"我记一下"，然后就在他面前的笔记本上写了几个词，等我说完以后，问我"还有吗？"。这两个动作让我的压力减轻了不少，感觉这位领导还是挺和善的。当初汇报的内容早就不记得了，但是他这两个动作让我记忆深刻。

在等级比较分明的组织里，只要管理者稍微调整一下自己的倾听状态，就能给下属更多表达自己的勇气。很多时候下属不太愿意多说，并不是下属不想表达，而是管理者散发出来的"我看透你了！""你怎么半天说不明白？""还有完没完？"的气息和表情，关闭了对话的大门。在提升团队合作深度上，主动权在管理者手中，很多时候只需要做一些小小的调整，就能帮助下属更好地与自己合作。

李曦在《职场有意思：从接线员到京东副总裁的职场精进法》一书中分享说，京东每个高管都会在办公桌上放一个牌子，上面展示了自己喜欢的卡通形象，标注了自己的性格特点、兴趣爱好，以及与他人合作时希望对方体谅的地方乃至雷区。这是京东创始人刘强东为了提升团队合作效率的创意。李曦在书中列举了"共事中希望对方体谅的地方及雷区"的案例，例如：

"我说话比较直率，不太会拐弯抹角"，"我耐心很差"，"我有时会急躁，偶尔情绪化"，"请给我一些时间，让我充分思考后做决策"，"我不喜欢为没有意义的事情和争论花时间"，"我有时说得少，其实并非不在乎"，"看不到结果容易不分场合发飙"，"我不喜欢本位主义"，"我不喜欢过于江湖气的沟通"，"看重内容"，"我不喜欢形式主义"，"我不喜欢推卸责任、不解决问题的人"，"思维缜密，有时看似犹豫"，"力争完美、略显苛求"，"我爱操心，有时做事会超越自己的职责边界"，"看不惯不公平"，"不能接受沟通不真诚、自我主义"，"我表面看着有点冷淡，但内心不是"……

这就像每个人都拥有了一份"使用说明"，让其他团队成员能够根据这份说明迅速了解自己，从而降低沟通成本。

在一个团队里，最大的内耗就是需要彼此去猜对方心里在想什么，这会让人感觉很心累。

要想营造积极开放的工作氛围，管理者理应带头采用类似的方法，让团队更好地互相认识、理解。有一年，我在调任其他部门做主管时就忽略了这一点，上任后直接安排工作，但是大家还没有熟悉彼此的工作风格，难免会不如以前的团队配合默契。等出现了问题再去调整，远不如提前做好规划，降低磨合成本。

后来，我习惯于在到任新管理岗位后，先和团队成员聊聊各自的情况，增强熟悉度。先从自己开始，从以下 3 个方面介绍自己的情况。

第一，个人属性。例如我的性格特点、工作经历、擅长和不擅长的领域。

第二，工作风格。例如我的工作习惯、沟通风格，我会如何配合大家的工作，以及希望大家如何配合我。

第三，工作要求和期待。例如我对部门工作的构想、我在工作中期待下属有哪些行为表现、我不能容忍哪些行为等。

我分享以后，会邀请其他团队成员按照大致的思路，聊聊自己过去的工作经历、擅长的领域、工作的习惯和下一步的职业期待。不要小看了这类沟通会议的价值，它会让团队成员彼此更加熟悉，甚至在一起工作过几年的同事，可能也是第一次听对方讲述个人的一些情况。

有些管理者会故意端着架子，希望通过与普通员工保持距离来彰显自己的地位，习惯于隐藏自己，特别是自己不擅长的地方。事实上，每个人都有自己的优势和不足，坦诚地展示自己，会比隐藏自己更能获得下属的尊重。作为管理者，我们需要让下属清晰地知道我们的个人特质、优劣势、对工作的期待，以及能够给他们提供怎样的支持。我们表现得越坦诚，越能获得他们的理解和支持。即使我们刻意伪装，时间一长，也会慢慢露馅，反而让下属觉得我们不真诚。

不关心下属的管理者，也很难得到下属真正的关心。

佩妮莱在《设计你的人生：宜家前总裁佩妮莱自传》中说："我的同事和手下希望看到我人性的一面，他们希望我是一个有弱点的人，一个敢于在必要时候站出来的人，一个承认自己也有不了解的领域和不喜欢的状况的人。他们希望在出问题的时候我会告诉他们，这让他们有安全感。作为领导，我想让自己尽可能坦诚、开诚布公。当然，偶尔也会有因为时机不对需要暂时隐藏的事。但如果那是员工应该知道的事，实话实说与沟通总是最好的策略。"

亚马逊的贝索斯为什么要写致股东的信？巴菲特为什么给大家

写股东信？**让别人理解自己是非常难的一件事情，但是这值得做。**

　　大家喜欢有血有肉的管理者，而不是高高在上、不接地气、让人看不清的模糊影像。管理者也是一个普通人，只不过是因为分工的不同，暂时处于组织信息流的关键节点，被赋予了带领团队实现目标的职责。不要给自己添加太多神秘的角色属性，认为管理者就是与众不同、高高在上的。过于在意自己的身份，会让我们在工作中的很多动作变形。

　　作为管理者，有机会为团队服务，带领互相了解、彼此信任的团队成员共同完成目标，一起攻坚克难、成长进步，**这段经历本身就是最好的回报**。

制度不应该惩罚好人

　　《像绅士淑女一样服务：丽思卡尔顿创始人的服务心经》这本书中提到："假如某一天组织内出了件坏事，经理就会定下一条规章，防止这种事情再次发生。下个月又出了另一件事，又要定下另一条规章。很快，你的规章手册就得有 400 页那么厚。这便是所谓的官僚主义。人们都担心会违反规章制度，组织的发展就会变慢，大家的创造力也就此消失。"

　　如何避免这类情况的发生呢？高建华在《笑着离开惠普》一书中讲述了一个小故事。1986 年，惠普公司在卫生间放置了比较高档的卫生纸，方便员工和来客使用。但后来发现卫生纸的消耗特别快，刚放了新的卫生纸，没多久就没了。这种情况持续了一段时间，大家都认为是有人偷偷把卫生纸拿回家了。管理者在商量如何解决这一事件时产生了分歧。

　　高建华说："按照惠普的理念，设计出来的任何制度都不应当惩罚好人，即不能因为一两个人犯错误就连累大家，就改变正确的做法，显然与初衷不符，也是不合理的，尽管这样的事情在其他单位经常发生。那个时候，中国惠普成立没多久，这件事对中外双方的管理人员来说，确实是一个挑战：是坚持惠普假定人性善的原则，相信大多数人，还是根据中国的国情做出让步，做出调整？"

管理层基于惠普企业文化的考量，在大会上通报了这件事情，并强调公司会继续免费供应高档卫生纸，不会因为极少数人的行为就惩罚大多数好人。但是偷卫生纸的行为关系到员工的品德问题，公司不会因为卫生纸的价值不大就放任不管，一旦发现是谁干的，立即开除。从那以后，再也没有员工私拿卫生纸回家了。惠普管理层用自己的行动践行了公司的价值观：制度不应当惩罚好人。

管理者在打造团队文化时，要注意避免因为一个人的错误而惩罚整个团队。人不对，淘汰人即可，而不应该让其他所有人戴上枷锁。

从管理到服务

达利欧在《原则》中说："尽管赚钱很好，但拥有有意义的工作和人际关系要比赚钱好得多。对我而言，有意义的工作是指一项我能全身心投入的使命；有意义的人际关系是指我既深深地关心对方，对方也深深地关心我。"

如何留住团队中的好员工？比起在办公室里闷头苦想，管理者主动询问自己想留住的好员工，请对方谈谈自己的想法，是更直接有效的做法，并不是每个员工都谋求晋升。每个人留在这里都有自己独特的原因。

如何与下属沟通这样的话题呢？重要的并不是时间、地点和沟通方式，而是管理者主动询问、耐心倾听下属的想法，传递出真正关心下属的想法，而不仅仅是例行公事。如果我们不知道如何聊，就可以参考下面的话题。

- 你喜欢公司／团队的哪些地方？为什么？
- 你现在做的工作是自己喜欢和擅长的吗？
- 你认为公司／团队的哪些地方需要改进？
- 如果有内部轮岗的机会，你希望去做什么？
- 有哪些因素可能会阻碍你的工作进展？
- 我有什么能帮助到你的地方？

什么是好的团队？从我过去观察的情况来看，可以从这 5 个方面努力：工作目标上，方向一致；工作能力上，优势互补；工作配合上，团结默契；工作关系上，尊重包容；工作业绩上，取得成效。

很多时候，让下属的声音被听见，甚至比采纳他们的意见更重要。

第 10 节
组织学习：团队成长的痛点与解决方案

从长远来看，组织唯一可持续的竞争优势是——具备比竞争对手更快速的学习能力。

——《第五项修炼》，彼得·圣吉

组织学习的三大障碍

我做培训管理工作的时候，曾经感觉很苦恼。年初和很多部门负责人沟通培训计划，每个人都会表示非常重视培训，但是在做团队培训与学习规划的时候，管理者经常会拖延，实际执行培训计划的时候，培训也常常让位于具体工作。尽管我们给出了一些资源、辅助工具和建议，甚至协助做了很多的组织管理工作，但是管理者总是难以充分重视组织学习。

管理者要求下属出业绩，却很少教员工如何更好地开展工作，仿佛员工就不需要学习，天生就知道如何做好计划、如何区分轻重缓急、如何与人合作。这显然是一厢情愿。

管理者通常用三个理由拖延学习安排：没时间、没资源、用不上。

"没时间"几乎是所有职场人拒绝学习的最常用理由。如果管理者把学习的优先级放得很靠后，就别指望员工能够多待见学习这件事。特别是在中小型企业，管理者恨不得员工把所有的时间都用于实际生产，而不是用于培训学习。没时间的背后，其实是管理者没有把学习这件事放在更高的优先级上，这是管理者需要解决的第一个障碍。

"没资源"是组织学习的第二个障碍。有些管理者认为学习是个人的事情，愿意提升自己的员工会利用下班后的时间自学，例如考个证书或者听听线上课。完全把学习丢给员工，就会导致学习安排参差不齐，员工的成长全靠个人自觉和个人探索，达不到为团队发展助力的目标。很多企业在培训方面的支出比例太低，缺少软硬件的投入，缺少培训场地，更缺少培训机制和讲师，一旦遇到经营上的波动，首先被砍掉的肯定是培训预算。

"用不上"是组织学习的第三个障碍，这也是学习的技术性难题和应用性难题。当员工花时间、精力参与培训学习以后，发现培训课程并不能解决工作中的痛点，或者无法在工作中运用所学的知识和技能时，学习就成了一个面子工程，缺少组织环境的支持，无法落地生根，对工作产生帮助。如果管理者也觉得培训是花里胡哨甚至虚头巴脑的事情，那么员工的学习意识就会更加淡薄。

爱德华·J. 霍夫曼等人撰写的《NASA 的项目管理课》一书中提到："任何层级的学习面临的最大障碍都是时间和空间。项目时代的一个重大弱点是团队需要承担时间压力，而决策、实验和实施的压力可能会让人慢慢变得不愿意花时间学习、对话和反思。"

《西贝的服务员为什么总爱笑》一书中提到，在西贝创始人贾国龙看来，集体学习要比老板一个人学习重要。很多基层、中层的管理者，在一线的实战管理中积累了很多经验，但他们是凭本能，比如用责任心、同理心、真诚等去带人，而没能形成自己的管理理念。他们知道怎么做，却不知道为什么要这么做，而学习就能帮他们捅破那层窗户纸，还能带来心性上的成长。

从管理熟手向管理能手跨越的重要环节是带领团队开展学习，帮助员工打破低水平重复工作的困局，复制出更多优秀人才。如何推动自己管理的团队实现学习力的跃升呢？我们可以从这三个方面入手：第一，学习有方向；第二，学习有机制；第三，学习有输出。

学习有方向

员工培训通常有两个目标，第一是把员工培养成公司想要的样子，第二是把员工培养成员工想要成为的样子，这两者必须结合起来才行，缺一不可。换句话说，要把员工的个人目标和公司的组织目标相统一。如果只考虑公司的目标，员工就缺乏动力，把培训当任务；如果只考虑员工的个人目标，组织的利益就难以保障。管理者在设计组织学习目标时，务必要考虑将个人目标和组织目标相结合，让员工在学习方面更有方向感。

第一，学习目标与业务方向相融合。

有一位财务总监鼓励年轻的财务人员抓紧考 CPA（注册会计师），一方面可以借助备考学习提升知识储备，另一方面也可以创造良好的团队学习氛围，鼓励员工为以后的个人发展打好基础。工作头几年，人的业余时间充沛，精力旺盛，没有家庭的压力，一人吃饱全家不饿，正是全力学习奋进的好时光。等到成家以后，特别是有了孩子后，人的精力就会分散很多，难以集中时间精力去攻克这类难度较高的专业性考试了，付出的成本会远远高于年轻的时候。

我曾经开玩笑地问这位财务总监，就不担心员工拿到证以后跳槽吗？他说，我更担心他们不努力学习，一直没有长进。

第二，向高手学习。

俗话说，听君一席话，胜读十年书。向高手请教是最快的学习方法。我们要找到所在领域的高手，想尽办法和他们交流，请他们吃饭、讲课、座谈，或者我们到对方那里学习，付费向他们请教等。如果实在没办法和高手本人交流，还可以买他们的书、听他们的课。

此外，也不要忽略了本单位或者本地区的高手。很多人习惯拿着放大镜去找身边的同事的缺点，以此把别人比下去，这种心态要不得。同事上台做经验分享，有些人觉得不过如此，要是换成自己，肯定讲得更好。孔子说："三人行，必有我师焉。"我们应该拿着放大镜找别人的优点。想想看，每当我们遇到一个同事，我们脑海里能否立刻浮现对方的 3 个优点？哪怕 1 个优点也行。尝试培养自己的"优点识别力"，然后我们就会发现，每个同事都是非常可爱的，都有值得自己学习和请教的地方。

看一些行业内大咖的朋友圈，也是获取最新资讯的一种方法。我的朋友圈里有 2000 多人，发各种信息的都有，为了避免刷朋友圈浪费时间，我就标记了十几个牛人，把他们设置为星标好友，想看朋友圈的时候，就单独点开他们的朋友圈，看一看有没有更新的信息。这样既不会浪费时间，无意识地在朋友圈里"流浪"，又不至于错过一些精彩的分享。

在微博上也是一样，平时偶尔刷微博的时候，只看看"特别关注"分组里面的几十个人的分享，这样既能节约时间，又能看到对自己有价值的消息。

第三，向书本学习。

这里的资料不仅包括公开出版的图书、电子书，还包括网上的优质文章，视频、音频课程文稿，以及单位留下来的历史材料。

管理者可以先搜集自己工作领域的 100 个关键词，然后寻找 3 ~ 5 本专著，认认真真地读完，再通过这些专著找到相关联的经典书目，丰富自己的阅读面。把 100 个关键词的来龙去脉了解清楚，掌握到位，努力做到"知其然""知其所以然""知其未来之必然"。

学习有机制

我在集团总部从事培训管理工作时，也在部门内部积极地组织分享，带着同事利用每周五下班前 1 小时开展内部学习交流。每个人结合自己的工作模块、工作经历，做一次主题分享，30 分钟的分享结束后，大家花 30 分钟讨论交流。在分享时，我们通过录音转文字稿，把同事的分享记录下来，稍作整理后，就能形成一份有价值的主题分享稿，如果积累了很多内容，就能形成一份很优质的内部经验手册。当然，这类"民间学习机制"的最大问题是很难长久持续下去，需要管理者找到更合理的激励机制。

《长期有耐心：美团的成长与进化逻辑》一书中讲述了美团前 COO 干嘉伟积淀知识体系的故事。干嘉伟认为，"很多方法不是别人不知道，只是你比别人更坚持、更用心"，看起来非常简单的"早启动、晚分享"是他感觉最靠谱的管理方法。"每天早上，团队启动一下，明确方向；每天晚上，团队抽时间分享一下，最简单的分享就是你今天做的一件很牛的事和一件很傻的事。如果员工每天连这两点都说不出，说明他没有用脑子干活。即便是编也是在逼他动脑筋，这样每个人都可以从同事那里获得营养，组织才真正能够发挥人才培养的作用。很多企业的员工都处于放养状态，并不是他们拿了你几年工资，你就是在培养他。"

干嘉伟也承认这样的做法很有挑战性，抓一阵就好一阵，因为这是一件反人性的事情，一方面管理者要去激发人热爱学习、持续输出的动力，另一方面也要和反人性的惰性死磕。

有家公司因为人才梯队培养的事情大伤脑筋，虽然老板总是号召管理人员带头培养下属，但是不论是高层领导还是中层干部，都以工作太忙为由拖延这件事。随着公司的快速发展，对用人的需求量也逐渐增大。眼看光靠口头鼓励是没有用的，老板就在管理人员的晋升流程中新增了一个条件：必须培养出自己的继任者，而且这个继任者要通过公司层面的评估。

管理者的力气不应该都用在拼命号召上，而是要静下心来设计好的机制和流程，让自己期望的事情顺其自然地发生。

学习有输出

学习力要变成生产力，变成作品，变成成果，才能创造更清晰的价值。

组织学习大致会有三个阶段，分别是自己知道、自己会做、教会他人做。作为管理者，要善于发现"会做的人"，帮他们萃取自己的经验，并赋能给团队的其他成员。在这个过程中，需要考虑团队的学习热情、输出机制和激励机制。

前段时间我和一位部门负责人聊天，她提到一个有意思的现象。她希望培养员工的学习力和创新意识，就在部门群里提醒大家多关注行业动态、经典案例，多研究学习，除了"收到"的回复之外，员工们什么动静都没有。后来她忍不住自己先动手，搜索和关注了一些经典案例并分享到群里，提醒员工参考学习。经过几次主动分享，群里渐渐有了一些研讨氛围，其他人也开始分享案例，虽然思考的深度还不够，但逐渐有了向好的趋势。

我很赞赏她的带头行动，建议她设计一个"结构化输出文档"，例如把自己关注的经典案例按照指定要素进行分析，例如案例名称、来源、主要内容、给我们的启发、下一步行动等等。一方面是方便员工了解从哪些方面进行学习借鉴，避免走马观花，另一方面也可以规范输出学习成果，提升团队的学习力和思考力，帮助团队运用所学案例赋能自己的工作。

更重要的是，这样可以潜移默化地培养团队的学习习惯，培养员工的主动意识，对形成更强的团队凝聚力和战斗力帮助很大。因为员工在这里能学到新东西，运用新知识，带来新成果。这件事也给了我一个启发：员工不会成为你要求的模样，他们只会效仿你，成为你当前的样子。

很多管理者觉得学习是员工自己的事情，是下班后的事情，不应该额外要求他们，这是一个错误的想法。员工是团队的基本战斗单位，他们的学习能力跟不上，业务水平就难以提升，会阻碍个人的成长和团队的发展。

有一年，我在一所学校担任办公室主任，团队中都是年轻人，工作年限不长，经验不足，特别是在和教育主管部门、学校其他部门打交道的时候，我明显感觉到他们在沟通上有所欠缺。当时，我自掏腰包给部门的每一位同事买了一本《沟通的方法》。但学习效果如何呢？根本无法评估。工作一忙起来，我就不记得关注每个同事的自学情况了。这种以个人自学为主的学习方式，过于依靠个人的自觉性和学习能力，很难保证效果。管理者不仅需要提供学习资源，更重要的是要重视组织学习的输出。

组织学习的优势是可以共享信息、互相督促、共同进步。组织学习的方式多种多样，可以是开展内部分享会，交流彼此的经验；可以是互换部分工作，体验彼此工作的差异。总之，管理者要多思考一些学习输出的形式，让大家愿意参与。

团队学习必须有作品输出，避免陷入形式主义，通过输出自己的作品，让学习的成果更加牢固，让自己的价值更容易被看见。

例如，我们在组织教师培训研讨时，都会让参会老师提交一份几百字的经验小结，可以是自己的教学经验，也可以是和学生的互动故事，总之，要对他人有所启发。然后，我们把这些经验小结收集起来，整理成册，在工作群中共享，并印刷出来，供有需要的老师参考学习。这样就能积累出很多有价值的经验，在后期组织培训新教师时，这些手册就会成为宝贵的实战指导书，帮助新教师灵活借鉴，从而更好地站稳讲台，更高效地处理学生事务。

参加各类培训学习后，一定要把当时学习的理念、方法运用到工作中去，哪怕是自己的学习心得也可以，把它们分享给团队成员，分享到自己的朋友圈、网络平台，帮助自己强化学习效果，让自己的价值被更多人看见。

第4章

突破期:

晋升新平台的能力积累

经历了转型期的调整、成长期的拼搏、规范期的思考,我们成为了一名有经验的管理者。接下来,我们该如何实现从基层到中层的突破,全方位地提升自己呢?

在这一章,我们将聚焦突破期的积累,从对标思考、咨询高手开始,构建自己的影响力、培育力和行动力,进一步强化个人的目标管理、时间管理和自我管理的能力,达成轮岗锻炼、职位晋升的目标。

第 1 节
对标：距离中层管理岗，自己还差什么

找到一个正确的视角，是你面对任何问题时要做的第一件事。

——《把思考作为习惯》，韩焱

从基层到中层

有些做得不错的基层管理者想升职，虽然业务能力过得去，但如果想晋级为中层管理者，还需要对照标杆，寻找差距。

管理者在基层做得好，通常是因为执行能力强，他们面对的大多数是比较确定的事情，解决的是"怎么做"的问题。但是当他们成为中层管理者，特别是担任部门负责人之后，就需要决策和执行大量复杂、模糊、不确定的事情，开始涉及"做不做"的问题。

以前我做基层主管、中层副职的时候，常常感觉工作很辛苦，也找不到成就感，有些自己想做的事情，必须经过部门负责人同意才能执行。后来等到自己做中层正职的时候，就感觉鸟枪换大炮，现在终于熬出头了，可以自己拍板做决定了。刚被任命的时候，我感觉特别幸福，但是上班的第二天，我就开始头疼了。

因为做基层主管的时候，有什么难以决断的事情，我都可以通过向领导请示把这个难题移交出去。但是等到我自己成为部门负责人的时候，我就发现，大家都等着我拿主意了。我没有办法逃避，必须给出具体的意见才能够让下属去执行。

晋升成了中层干部，特别是部门负责人，就只能开心一天，因为后面的日子都是挑战，特别是这五个方面：**带领团队取得业绩与成果、建立并完善团队价值观、培育优秀人才、协调内外部资源与关系、加速自我成长。**

业绩贡献
带领团队取得业绩与关键成果

自我成长
加强管理者的个人学习与成长

价值观塑造
根据企业文化建立和完善团队价值观

人才发展
为团队的下一步发展培养优质人才

资源与关系协调
协调内外部资源，处理人际关系问题

图 2　部门负责人面临的五大挑战

在我们经历管理新手、管理熟手，顺利成长为一名管理能手，能娴熟地带好自己的小团队或者工作小组以后，不论是组织对管理人才的需要，还是我们对于个人成长的追求，都要求我们能够在未来承担更大的责任，带领更大的团队，为组织创造更大的业绩和成果。

如果我们目前还是一个基层主管或者小团队管理者，希望自己以后能晋升为中层干部或者大部门负责人，就可以对照以上五个核心挑战，并从代入感、全局观、主动性这三个角度出发，思考如何进一步提升自己。

代入感

除了用更高的标准要求自己以外，在实践中，我们也可能会得到一部分实战锻炼，例如在上级出差期间，代为处理日常事务；上级有意锻炼我们，分出一些更有难度的任务给我们；甚至会出现上级外出挂职锻炼、出国考察、封闭学习，或者上级离职但新上级迟迟未确定的情况，这时候我们可能会被"抓壮丁"，临时承担上级的很多职责，直面挑战。

不管遇到怎样的情况，我们都需要提前增强自己的代入感，多观察自己的上级，特别是上级的上级，他们的目标是什么？关注的重点是什么？他们是如何思考问题并做出决策的？

以前我多次提醒自己的团队成员，不要在工作中只盯着自己的模块，特别是在组织一些大型活动或者重要项目中，要站在项目负责人的角度去思考，如果自己现在在指挥这个活动，自己会怎么做？然后再进行对比观察，看看哪些事情是自己能做到的，哪些事情是自己想不到或者做不好的。

我曾经遇到一位同事，总是习惯于从部门负责人的角度去思考自己的工作。例如，他常常会琢磨，领导安排的这项工作究竟是希望达成什么目标？自己可以做些什么去配合整体目标的实现？在有些人的眼里，他是瞎操心，想那么多干什么？做好本职工作就行。但是他能换位思考，经常从侧面提供自己的帮助。后来在部门负责人晋升以后，他就成为了接替者。

如何才能锻炼从更高层领导者的角度去思考的能力？在上级看来，什么样的表现才算出色？知名管理教育家杰伊·康格和百事公司全球人才评估与发展高级副总裁艾伦·丘奇合著的《高潜力人才的 5 大关键能力》一书给出了建议，当我们在思考如何以最佳方式处理每项任务时，不妨先想清楚以下问题。

● 此项任务将如何直接影响更高层次的业务目标，即上级的目标？如何完成此项任务，才能推进企业的战略议程或股东议程？

- 除了我自己的团队以外，还有其他哪些关键利益相关者、流程和政策会对任务结果产生影响？我如何才能在完成任务的过程中，更好地利用这些相关资源？

- 对于我的目标而言，哪些利益相关者持支持态度，哪些持中立态度，又有哪些持反对态度？我需要赢得哪些人的支持？谁能够为我赢得其他利益相关者的支持？

- 如果整个业务部门，甚至整个企业由我来管理，那么我将做出哪些改进，使此项任务获得更好的结果？鉴于现有方法一直以来都是我们成功的基础，那么有哪些地方是我会保留或者加以完善的？

- 如果我想晋升到更高的管理级别，甚至是首席执行官的级别，那么我现在需要开始培养哪些基本的领导才能？在高层领导的角色中，有哪些常用的能力是我现在尚不具备的？

- 考虑到股东的要求，或是首席执行官和直属主管的职能背景，哪种视角对于此项任务而言至关重要？

这就像我们从山脚到山腰，再到山顶时，看到不同的视野一样，通过这些问题的引导，我们可以在做事前站在高处思考问题。

除此以外，我们在其他方面也要向自己想成为的人看齐，例如着装等。博恩·崔西在《烧不死的鸟是凤凰：12个步骤带你重塑职业和生活》中提出建议："永远为你将来想要从事的工作着装。如果穿着得体，你的老板会自豪地把你介绍给客户或参观你公司的人。将你崇拜的人作为你的榜样：模仿他们的着装方式，模仿他们的打扮方式。物以类聚，人以群分。人们会提拔那些看起来像他们的人。"

想当领导，首先得让自己看上去像一个领导。如果我们过于追求特立独行，就很容易被"以貌取人"。以前一个朋友在成为管理者之后，他的领导甚至建议他换一副眼镜。别小看了衣服、发型甚至眼镜的影响，这会让我们呈现出不同的风格，给别人留下不同的第一印象。

全局观

有位公司的联合创始人曾经分享自己的经历，说他刚开始在一家企业做团队负责人的时候，总会不自觉地护短，觉得自己的部门非常好，其他部门总有各种各样的问题，如果在合作中遇到一些障碍，就认为是其他部门的工作没有做到位。看人时，他很容易看到别人的坏、别人的不靠谱，却把自己摆在很高的位置。他后来才发现，是自己一叶障目，不见泰山，习惯于把目光放在内部，忽略了站在更高的位置思考问题，缺乏大局观。

很多管理者在担任团队负责人的头几年，都容易走入这样的误区，只关注自己的一亩三分地，忽略了站在公司全局的角度看待问题。

张丽俊在《组织的力量》一书中谈到不同层级管理者的重心："基层管理者见树木，能看到自己负责的业务；中高层管理者见森林，能看到整体；而决策层管理者要见世界，有外部视角，能看到商业的本质、市场的趋势，甚至全球的变化。"

基层管理者存在一个比较普遍的问题，就是习惯于追求小团队的局部最优化，却忽略了大团队或者公司的整体利益。这就容易出现在局部打赢了一场小战斗，却输掉了整个战争的结局。

主动性

主动性可以从以下三个方面进行提升。

第一，主动提高工作标准，让业绩和成果替自己说话；

第二，主动加强自我修炼，让自己具备更强的成长力；

第三，主动培育接替人选，为以后的变化提供后备军。

职位晋升意味着职责范围的扩大。组织在选拔人才的时候，主要基于我们当下的业绩、现有的能力和未来的潜力。这个决策是有一定风险的，因为谁都不敢保证，在当前岗位表现很好的人，就一定能在高一级的岗位上同样表现出色。因此，如果我们能在当下开始拓展自己的职责边界，多承担一点工作，多产出一些成果，特别是向上承担部分职责，替领导省心，让领导看到我们的潜力和意愿，时间一长，我们获得提升机会的概率就越大。

《高潜力人才的5大关键能力》一书建议我们："你需要在工作职责之外表现出主动性，其中包括提高标准、抓住别人没有时间抓住的机会，或者解决别人尚未解决的问题。"

当下多做的努力，都是我们给未来的投资。

当然，除了比较顺利地成长之外，我们有时候也会遇到"天将降大任于斯人也"的挑战。例如，在《杜拉拉升职记》中，一个难度系数非常高的项目突然降临，杜拉拉的上级，也就是部门的行政经理以怀孕后身体不适为由请病假，杜拉拉上级的上级，也就是人力总监，又是一个即将退休，不想管麻烦事的人，结果杜拉拉被"抓壮丁"，只能硬着头皮承担这个"吃力不讨好"的项目。在经历几个月的苦熬之后，杜拉拉获得了公司总裁的关注，也得到了晋升和加薪，以此为跳板，杜拉拉成功地展示了自己的主动性，也为后期的职业生涯发展积累了非常好的成果展示以及人脉支持。

　　在《冯唐成事心法》中，冯唐提到如何成为好的中层干部的标准，其中就有一条标准叫"不怕死"，也就是不要墨守成规，要敢于尝试、敢于牺牲。冯唐在书中说了一个故事："我在做华润医疗创始 CEO 的时候，考虑是不是收购徐州的某家矿山的医院。徐州离北京不远不近，这家医院的面积不大不小，但徐州是四省通衢，民风彪悍，这么一家医院不是太大，又不太好管，做坏的可能性很大，做好则需要长时间的投入。我忽然发现没人可派，好多中层干部都在躲。有的说有老婆孩子，有的说父母年岁大了，有的说没有这方面的经验，有的说自己身体不好……都有各种理由来躲事。那个时候，我特别感激一个人，他说：'领导，让我去吧。我想来想去，您手上这二三十人，我去最合适。'他真的去了，干得还挺好的。从我的角度，我非常感激他在那一瞬间愿意冒风险，愿意尝试一些新鲜事物。"

　　最后，对于晋升，我们得在适当的场合，适当地表达这样的"成长意图"，请上级帮助我们分析目前存在的不足、需要改进的方向，从而在上级心中占据一定的位置。起码上级在考虑晋升人选的时候，能够把我们列进名单。如果我们不说，在资源有限的情况下，上级会默认我们在晋升这件事情上并不着急。

第2节
求助：如何协助他人来帮助你

> 如果一个人能意识到结果才是真正重要的，他就会克服所有的胆怯、面子和惰性，勇敢地向别人求助。求助不但不是一种羞耻，甚至我觉得是一种美德。一个人应对一项具有难度的任务时，需要懂得借助外力、借助他人所拥有的资源和能力去完成。
>
> ——《靠谱》，侯小强

求助的课题分离原则

过去我不太习惯向别人求助，也不好意思麻烦别人。一方面是觉得关系还不够密切，不好意思提出请求。另一方面也是害怕被拒绝，让自己很尴尬，影响以后的合作。其实，很多人都有类似的心理活动，但这是自己把自己拒绝了。不麻烦别人，我们就丧失了亲近对方的机会，关系就永远无法密切；不麻烦别人的人，通常也会讨厌自己被别人麻烦，等于竖起了一座高墙，让自己隐身起来，很容易丧失和外界的合作与联系，让自己变得闭塞。

海蒂·格兰特在《如何正确求助：合情合理地获取资源和人脉》中提到："我们求助时感到的痛苦程度部分取决于人们多大可能会拒绝我们的请求。但是，当我们弄清楚这种可能性时，坦白地说，我们会惊讶地发现自己错得离谱……人们极度低估了别人会应他们直接的请求而提供帮助的可能性。"

害怕被拒绝而不敢求助，等于自己直接代替别人拒绝了自己，成功率为 0。但只要勇敢地提出自己的请求，我们至少拥有了一个可能性，哪怕真的被拒绝，也没有什么额外的损失，说不定还会从对方那里得到新的线索、新的启发。

求助的第一道关卡，在于我们内心的想法。

《苏世民：我的经验和教训》一书中分享了黑石集团董事会主席、CEO 苏世民的二十五条工作和生活原则，其中第三条是："给你敬佩的人写信或打电话，请他们提供建议或与其会面的机会。你永远不知道谁愿意跟你见面。最后你会从这些人身上学到很多重要的东西，建立你在余生都可以享用的人际关系。在生命早期结交的人，会与你缔结非同寻常的感情纽带。"

原来还可以这样操作呀！我们都不太习惯和地位比我们高的人沟通，总觉得拘谨，又担心遭到拒绝。实际上，对于大多数成功人士而言，年轻人真诚的请教和咨询并不会招致反感，在给年轻人建议的时候，他们就像是在和过去的自己谈话。

我们首先要克服自己的心理障碍，从身边的人开始，多请教自己的老师、领导，学习与他人沟通的技巧，然后尝试去链接更多我们敬佩的人。在请教和咨询他人时，要一次性写清楚问题是什么、背景是什么、自己的初步思考是什么，然后发送我们的邮件或者信息即可。

写不写是我们的事情，回不回是别人的事情。想清楚这一点，我们向别人求教的焦虑情绪就会缓解很多。这就是我们求助他人的课题分离原则。

求助的前提

求助有一个前提，就是我们必须先努力尝试过，已经把事情推进到一定的阶段，当遇到了某个难题，阻碍了事情进展，这就是最适合的求助时机。如果自己尚未做出任何努力就向别人提出请求，那不是求助，而是甩锅。

对于以下情况，管理者不要随意求助。

第一，自己不想做，直接把任务当成求助甩给他人。

可想而知，当我们这样做的时候，别人会怎样看待我们。即使别人心不甘情不愿地把任务接过去了，也不会做得多好，最后还是需要我们担责或者返工。

第二，本可以通过搜索引擎直接获得信息。

职场上很忌讳的一件事就是做"伸手党"，自己遇到一些简单的问题时，不经思考就去问别人，这不是求助而是甩锅。发起求助的前提是把功课做在前面，并告知对方，我们已经做了哪些努力，目前遇到的卡点在哪里，让对方看到我们求助的诚意。

第三，问题超出对方的能力或权限。

如果我们提出的请求让别人非常为难，特别是超过了对方的能力或者权限，就不要轻易提起。除非我们已经替对方想好了解决思路，并协助对方向拥有更高权限的人发起求助。

求助的勇气

向别人发起求助是需要勇气的。特别是管理者，碍于身份不好意思提出请求的大有人在，宁愿问题烂在锅里，可能也不好意思揭开锅盖请别人帮忙诊断。

就像美国心理学家斯科特·派克在《少有人走的路》中所说："多数人认为勇气就是不害怕。现在让我来告诉你，不害怕不是勇气，它是某种脑损伤。勇气是尽管你感觉害怕，但仍能迎难而上；尽管你感觉痛苦，但仍能直接面对。"

以前性格内敛的我，不太喜欢参加各种应酬、聚会，总觉得吃饭、闲聊很耽误时间，于是能躲就躲，躲不掉再硬着头皮上。有一次聊天，我和一位领导谈起此事，领导说他以前也不太喜欢一些应酬、聚餐，但是后来发现，和一些行业大咖吃饭能够获取很多信息，也可以在吃饭的时候更轻松地交流自己的一些困惑。例如我们请一个专家来讲课，有些观点不好公开说，有些问题也不好公开询问，但是可以私下里请教、交流。这位领导后来转变了观念，不再排斥应酬，甚至喜欢上了这种与人请教、求助的方式。

财经作家戚德志在《未尽之美：华住十五年》中分享了一个小故事："刚加入华住那会儿，为了迅速了解行业，刘欣欣（华住集团总裁）利用每个周末，从周六早上 10 点到周日晚上 6 点，在公司附近的咖啡馆约不同的业内人士聊天，除了华住的人，还约如家的、锦江之星的，把所有能找到的人都约来。这样持续了一年时间，刘欣欣迅速掌握了酒店行业的各种知识和信息，更加明确了技术改造的路径。"

在工作中，我们除了向外界求助，通过"一杯咖啡吸收宇宙能量"，还可以多关注团队内部，向自己的同事，包括领导、下属求助。

很多管理者不好意思向下属求助，哪怕自己压力再大，也宁愿自己扛着。其实，我们不必担心这会损害自己的权威。

我在担任办公室主任时，部门里的几个下属都是新人，在指导他们一段时间之后，我就通过有意识地求助，鼓励下属把自己的事情一次性做到位。例如，我对负责行政工作的下属说："我最近精力有限，能否请你独立负责安排一些常规性的会议工作？能否请你去沟通跨部门的协调事宜？"我对负责宣传的下属说："我在处理一项重点工作，你今天写的稿子能否自己多修改几遍，确保达到可以直接发布的水准？"我甚至连原本只负责开车的司机都没有放过，我请他帮助团队里的其他小伙伴分担一些力所能及的琐碎工作。

刚开始，我担心他们会以为我想把更多的工作推给他们。但是当我以请求帮助、帮我分担一些压力的姿态去邀请他们时，他们的眼神是明亮的，传递出愿意协助而不是被迫接替的态度。后来，他们工作的成熟度越来越高，我也有更多的时间去协助上级处理工作，帮上级分忧。

我把这称之为"**加速成长原则**"——**向上承担 20% 的责任，加速 200% 的成长**。后来，我离开这家单位后，几个下属都能够独当一面了。

在工作中，我们甚至还可以向我们的"对手"请教和求助，例如在谈判过程中，当双方剑拔弩张，陷入僵局的时候，我们可以和对方请教："如果你坐在我现在的位置上，你会建议我怎么做？"

原本对方站在我们的对立面，随身准备扑出我们踢过来的球，但现在我们请对方停下来，换个角度思考，给我们出出主意。谈到这里的时候，笼罩在谈判现场的乌云就会撕开一个裂缝，说不定对方就会提供新的思路，帮我们打开局面。有时候，只需要一个坦诚的请求，就能迅速拉近我们和对方的关系。

求助并不是中基层管理者特有的情况，也是高层管理者的日常工作。宁高宁曾说："所谓的领导人、所谓的董事长，我的体会是干什么的？对外来讲就是'求人'的。所有的问题，所有需要的客户、政策、金融、财务，到最后你必须出面为公司争取资源和政策，就是求别人。你必须要清楚，'求人'就是你的主要责任。"

不要担心自己不会求助，掌握不好求助的技巧。**以大多数人的求助频率之低，还轮不到去拼求助的质量**。我们需要先把求助的数量刷起来，慢慢地自己就能总结出如何向他人求助更容易获得帮助的经验了。

为他人的帮忙做好铺垫

前几年，我的一个工作案例被收录进某一本要出版的书中，这本书是业内知名团队组编的，入选的案例大多来自非常优秀的同行。按照主编要求，需要找一位专家写推荐语。我当时准备找单位领导帮忙，我知道她非常忙碌，为了更好地达成目标，我先拟好了请求协助的思路，然后带着我的案例材料去领导办公室当面求助。首先，我简单向她汇报了这件事对单位的意义和宣传价值，然后阐述了我的案例被选中的理由，最后，我根据领导的语气，提前拟写了两三百字的推荐语，方便她修改。

我用两分钟的时间说清楚了这件事，领导很高兴，说这是好事。然后她简单地翻阅了案例材料，也看了我拟写的推荐语，觉得没问题，一字未改，直接点头同意。

如果我把案例材料通过微信发给她，请她阅读之后再亲自拟写推荐语，也许她就会搁置一段时间，因为这件事情并不在领导的最高优先级上。我拿不到结果，事情也容易在这里被卡住。为了完成目标，我一定要提供更便捷的方案，尽可能地为他人的帮助做好铺垫，为他人节约时间，降低他人帮助我的成本，从而更快地取得结果。

被拒绝的勇气

在听到一句"好的"之前，我们可能要听很多次的"抱歉"。 虽然我们可以安慰自己，被拒绝了不要气馁，但如果真的在求助时多次受挫，可能依然会影响自己的自信心，这时候该如何调整情绪呢？

第一，重新思考一下课题分离原则。给发出求助信号的自己点个赞，因为我们已经完成了求助的动作，已经开始为解决问题开启行动，这就是自己的收获。

第二，理解他人，表达感谢。有的人是没有能力帮忙，有的人是没有动机帮忙，这不怪他们。即使别人没有帮我们解决问题，我们也依然要感谢他们倾听我们的烦恼，为下一次的沟通留下一个良好的印象。

第三，优化策略，持续行动。只要问题没有被解决，就无法绕开，那我们就需要反思一下，是不是我们求助的表达方式、时机不太对？是不是我们找的人不对？然后调整我们的策略而不是否定自己继续求助的想法，继续物色新的求助对象，必要的时候可以付费求助专业人士。

在工作和生活中，求助是常态，被拒绝是常态，被拒绝之后继续开展新的求助也应该成为常态。把求助的准备工作做到位，抓住每一次机遇；把求助的结局交给老天爷，看淡每一次结局。被帮助，表达感恩；被拒绝，表示理解。

第 3 节
影响力：如何构建自己的领导艺术

　　卓有成效的管理者能使人发挥其长处。他知道只抓住缺点和短处是干不成任何事的，为实现目标，必须用人所长。利用好这些长处可以给你带来真正的机会。充分发挥人的长处，才是组织存在的唯一目的。

——《卓有成效的管理者》，彼得·德鲁克

五级认同力

　　约翰·麦克斯韦尔在《领导力的 5 个层级》一书中提到"五级领导力"，参考这个概念，我把下属对管理者的认同分为五个阶段。

　　第一，职位认同。下属只是因为我们处于这个位置上，才不得不听从我们的指令。下属跟着我们，是基于对权力的服从。

　　第二，人际认同。下属认可我们，和我们一起工作比较愉快。跟着我们，能够获得快乐。

　　第三，业绩认同。我们能够带领团队取得业绩，让下属看到跟着我们有希望。跟着我们，他们能获得经济回报。

　　第四，育人认同。我们不光能够带领团队完成业绩，还能关心下属的个人成长与未来发展，为他们的职业生涯贡献力量。跟着我们，他们能获得成长。

　　第五，价值认同。团队认可我们的价值观，能够从我们的身上受到精神感召，会效仿我们，愿意成为我们这样的人。跟着我们，他们能成为理想中的自己。

图3　管理者的五级认同力

五级认同力反映了管理者在团队的影响力层级。当然，影响力会因为岗位变化而变化。让人沮丧的事实是："当领导者换了岗位，开始领导新的团队时会发生什么？如果你认为他会处于之前的领导力层级上，那你就错了。每次你领导不同的人，都会重新开始这个过程。"

也就是说，当管理者进入一个新团队的时候，一切都要从头再来。这对管理者来说是一个很大的挑战，特别是轮岗到其他的职能模块时，管理者既需要熟悉新业务，又需要适应新团队。

职位认同

职场类电视剧《平凡之路》里有一段对话很有意思。律所HR关琇针对合伙人杜天宇律师处理新员工不当，委屈了新员工的行为，与他有了这样一段对话。

HR关琇：你团队为什么成建制叛逃？有没有你的原因？还不是你脾气一上来就乱骂！

杜天宇律师：咱们老师骂我们那会儿，比我现在凶多了吧？

HR关琇：现在的年轻人，跟咱们那时候一样吗？完全不一样啊！咱那个时候，咱不听话咱就别干了。现在是咱不听话呀，人家小朋友就不给你干！懂吗？

　　杜天宇律师：不是，咱年轻那会得听前辈的，好不容易熬成前辈了，现在又得听晚辈的？

　　HR 关琇：不服啊？不服自己干，没人跟你干！

　　《人类简史》的作者，历史学家尤瓦尔·赫拉利说过一句话："未来人类要准备好，每十年要重塑自己一次，扔掉自己过时的知识、技能、经验、假设和人脉，重新来过。"

　　很多管理者认为自己被正式任命后就能够令行禁止、指哪打哪，那可能是想得太简单了。特别是现在"95 后""00 后"进入职场，他们不太会认可那些只会用权力去支配别人的管理者。试图单纯依靠职位去构建影响力，很难走得通。

人际认同

　　有一位电商行业的部门主管，她是从职能部门调任到客服部门做主管的，手底下的客服基本上都是刚毕业的年轻小姑娘。刚上任时，不论她怎么提要求，小姑娘们都只是听着，但在工作中根本没有落实。这位主管很着急，自己的年龄和下属相差十来岁，很难融入她们的群体中，得不到她们的认同。后来有一次，她从家带来自己烘焙的蛋挞，分给小姑娘们吃。小姑娘们都喜欢美食，被主管的手艺震惊了，主动询问主管还会做什么好吃的。主管一下子找到了切入点，陆续又做了很多糕点，把小姑娘们给馋坏了。

　　自从有了美食作为桥梁，主管和小姑娘们的话题渐渐多了起来，逐渐得到了她们的认可和喜爱。从此以后，她在布置工作的时候，小姑娘们更愿意听、愿意落实了。谁要是在工作中遇到了客户的刁难，感觉委屈了，也愿意去找主管诉苦，得到主管的言语和美食安慰。

作为管理者，如果仅仅依靠纯粹的工作关系，没有一点点工作之外的话题交流，就很难赢得下属的认可。下属会觉得管理者很高冷，难以亲近。为此，管理者可以在工作中学会展示自己的另一面。

全球复杂网络研究权威艾伯特－拉斯洛·巴拉巴西在《巴拉巴西成功定律》一书中说："不用组织下班后的聚会，只需要将午餐桌弄长一点儿就可以促进团队建设。在每个工作日的中午，如果你坐在一个恰好碰到的同事身旁，就有机会认识共同的挑战，交流新的观点。显然，下班后与同事喝一杯则不具有同样的效果，因为人们在酒吧会待在自己熟识的小圈子里。"

管理者可以借助这样的交流去熟悉、影响身边的人，通过非正式沟通，帮助自己了解团队成员，了解其他部门的同事，以便更好地开展合作。

业绩认同

管理者需要取得业绩和成果，从而建立自己的影响力。我们可以通过系统的学习，在工作当中解决一些别人搞不定的疑难杂症，或者做出一些专业领域内的创新工作，多参加一些行业论坛，借助这些机会向高手学习。在交流的过程当中，持续分享自己的专业见解，慢慢地树立自己的影响力，让别人知道自己的价值。

记得几年前，我有幸代表单位参加一次重要的全国性官方论坛。参会人员来自各个省份，有三四百人，被分成八个小组，每个小组差不多有四十多人。我看了会议议程，第三天晚上有小组交流讨论，最后一天有个环节是各小组推荐代表上台分享培训的学习体会。

　　晚上没事的时候，除了逛逛周边，我还抽空整理了白天的培训笔记，并思考如何在小组交流会上发言，提前写好了提纲和重点内容。后来小组交流时，我排在倒数第四个发言，前面的人发言时都是随口说说培训的感受，明显没有什么准备，甚至有人干脆糊弄几句，算是躲过了发言。轮到我的时候，因为提前打好了草稿，我结合在过去工作中取得的成果，阐述了我们团队的经验与思考。主持讨论会的是主办方的一位领导，他在总结讲话之后，提议大家推举一位成员，代表本小组在结业典礼上发言。

　　有意思的是，大家一致推举我，而我当时算是年龄比较小的，资历显然比不上其他人。不得不接下这个担子的我，后面两天晚上啥也没干，都是在酒店房间闷头写发言稿。到了结业典礼当天我才发现，在我前面上去发言的其他小组代表，都来自行业顶级的明星单位，我心中不禁有些忐忑。

　　好在那时候我胆子也大，面对会场的几百人，顺利完成了八分钟的分享。发言完毕后，大家的反响还不错，散场后有好些不认识的同行来加我微信。通过这件事情，我结识了很多业内比较有影响力的同行。后来部门领导得知这个情况，还专门表扬了我积极准备，拿到了展示自己和宣传单位的机会。

育人认同

　　《格鲁夫给经理人的第一课》中说："我必须再次强调，一个经理人最主要的职责，便是激发下属的最佳表现。"

　　我发现一个规律，如果我对一个下属了解得越多，就越能理解对方，给对方安排更匹配的任务，在辅导他们的时候，更能对症下药。如果我对下属的了解程度不够，只是机械地分配工作任务，用同一把尺子度量下属的表现，就会失之偏颇。有时候即便我想培养某个下属，但如果我们交流得比较少，我没有把自己的想法清晰地传递给下属，也很容易造成彼此之间的误解。例如，我想分配一些有挑战性的任务给对方，但对方如果不了解我的用意，就可能会抱怨我在分工时偏心，甚至故意给对方安排更难的任务。

作为管理人员，不能默认下属天生就应该具备足够的"悟性"，能领悟自己藏在心里的想法。在辅导下属的过程中，不要急躁。罗伯特·M.波西格在《禅与摩托车维修艺术》一书中说过这样一句话："当你做某件事的时候，一旦想要求快，就表示你再也不关心它，只想去做别的事。"

培养人的过程，如同种花养树，短期内看不到什么变化，但是时间一长，就能给我们带来惊喜。

这让我想起了自己很尊敬的一位领导，她是一所学校的校长，特别喜欢在午餐后去办公楼前面的操场散步，借助散步的机会，和学校的一些老师边走边聊。校长每天都能聊几个人，可以倾听老师的心声，老师遇到的问题也能够从校长那里得到解决或者解释。相反，如果让一个老师跑到校长办公室提意见和建议，大多数人可能都会放弃，但是在饭后散步时遇到校长，大家都愿意聊几句。通过这样的午间散步沟通，校长不仅能听取老师的心声，帮助老师排忧解难，还能传递自己的工作理念，润物细无声地培养出很多优秀老师。

管理者的真正魅力在于成就他人，让团队成员达到从未触碰到的高度，实现以前不敢想象的目标，成为自己人生故事里的英雄。

价值认同

万维钢曾经在专栏文章里说："领导力不是说你非得指挥谁、

调动多少资源、安排什么事儿；领导力也不一定非得使用什么套路或者权谋。领导力是你能不能、你敢不敢让人、让事情产生积极的改变。"

一个有人格魅力的管理者，能够作为变量，作为支点，去撬动很多事情发生变化，让他人看到他的信念、价值观，发自内心地愿意跟着他一起做事。

这样的管理者能够激发自己和他人的潜能，也能把自己和他人的优点都发挥到极致。以前我在一个团队担任中层副职时，团队一把手就非常支持我尝试一些新项目。尽管有些新项目看起来有些不务正业，她依然给了我足够大的容错空间，即使短期内看不到什么回报，她也并不着急去否定或者干预。在她的价值观里，创新是需要付出时间成本的，哪怕为此冒一点风险也是值得的。如果抱着"多干多错，少干少错，不干不错"的态度对待工作，短期来看似乎非常安全，但是时间一长就会发现，这是浪费自己的生命。正是基于她的认可，我才能在做好日常工作的基础上，结合自己的个人优势，带领团队探索一些新领域。

一个团队之所以吸引人，要么是因为这份事业具有开创性的意义，吸引到有共同愿景的人一起加入冒险，共同创造价值；要么是因为团队管理者身上具有我们非常欣赏的价值观，我们愿意跟随他、效仿他，成为他那样的人。

斯科特·佩奇在《模型思维》一书中说："你的价值不在于你知道了什么，而在于你能够分享什么。"

对管理者来说，我们能分享的最有价值、最有影响力的东西，不是我们的经验，而是我们的价值观。

第 4 节
培育力：如何培养自己的继任者梯队

在你成为领导者以前，成功只同自己的成长有关。

当你成为领导者以后，成功都同别人的成长有关。

——《赢》，杰克·韦尔奇

人才管理的第一责任人

在《HR 转型突破：跳出专业深井成为业务伙伴》一书中，作者康至军讲述了这样一个故事。

在密歇根大学的 MBA 课堂上，尤里奇最喜欢抛给学生一道选择题：谁应该为公司里的人力资源活动负责？

A. 各部门管理者

B. 人力资源人士

C. 各部门管理者和人力资源人士合作

D. 咨询专家

E. 没有人，自生自灭

大部分的学生都会选 C。尤里奇会告诉他们，C 是错误的，正确的答案是 A。

他告诉学生："从根本上讲，各部门管理者对公司的产出和流程负有最大的责任。他们负责为股东提供经济利益，为顾客提供产品和服务，为员工提供工作的价值。为了达成这些产出，各部门管理者必须承担起人员管理的责任。"

从根本上来讲，人才管理的第一责任人是业务领导者。这可能和很多管理者的第一印象有很大差异。

有些管理者经常抱怨公司不给他们招聘更牛的员工，把业绩做不好归结于人力资源部门招聘的员工不行，或者是培训不到位。管理者要反思的问题不是别人给了自己多少支持，而是在培养人才方面，自己投入了多少时间和精力。如果自己都不留出专门的时间培养人，怎么能指望拥有源源不断的人才梯队呢？

如果说人才是企业的核心竞争力，那么选拔、培育好员工，特别是培养出自己的继任者梯队，就是管理者的核心竞争力。

管理者的胸襟

有一些管理者对培养人才，特别是培养自己的继任者感到犹豫，其核心原因是担心教会徒弟，饿死师傅，培养出合格的接班人导致自己被替代。如果我们招的都是比我们弱的人，我们培养的力度再大，投入的时间和金钱再多，效果也堪忧。在是否用心培养下属，特别是继任者方面，管理者面临着重要考验。

培养人是一项长期工程，回报周期长，需要耐心。吴士宏在《逆风飞飏（增订版）》中说："培养人，修炼精英团队，是经理人独到的幸福。但经理人要先克服自己才能体味到这种幸福，不管自己有多强，都要甘心让别人做英雄，要能摆脱自我陶醉，而陶醉于集体的成功。这一关我很艰难地过了两年，先要努力做到不以他人之得视为自己之失，然后是能将他人之得视为自己之得。"

做到这一点并不容易，需要管理者有广阔的胸襟，能够克服人性的弱点。

　　除了担心被替代之外，有些管理者不愿意培养下属的另一个原因是害怕下属表现突出，被晋升或者调岗后，会影响自己团队的战斗力，毕竟谁都希望自己手下强将如云。优秀下属离开了，短期内会对业务造成一定的冲击。

　　为了解决这个困境，有的企业会采取利益分享的方式促使管理者去培养下属。有的企业会在制度中规定，如果管理者无法培养自己的继任者，那就无法获得继续晋升的机会，甚至时间长了也会影响自己当下的职位。

　　在我看来，即使所在公司暂时没有把"培养人才梯队"作为考核加分项，我们也得培养人，不要害怕下属成长起来，不要只带着俄罗斯套娃般的队伍洋洋自得。培养自己的继任者是让上级放心提拔我们，或者给我们轮岗锻炼机会的重要途径。如果我们当下处于有机会晋升的阶段，提前培养自己的后备梯队就显得尤其重要。

　　短期内把人才留在自己的团队里，当然可以让自己轻松很多，但是长期来看，对于自己和公司是双输。一方面，由于自己不愿意培养接班人，就难以获得新的晋升机会；另一方面，人才被压制在团队内部，得不到上升空间，可能会选择离开，或者丧失工作热情，这对公司来说显然是巨大的损失。

　　管理者不仅要积极带头培养继任者，而且还应该鼓励团队中的老员工积极指导新员工，形成互相支持、互相补位的发展梯队。在未来业务扩大、团队扩充的时候，就能发挥出人才梯队的整体晋级优势。

培育人才梯队的五个原则

　　领导力变革专家诺埃尔·蒂奇说："组织中的任何层级上，一个人要想成为领导者，必须是一个老师。如果你不是在教别人，你就不是在领导。就是这么简单。"

如何培养源源不断的人才梯队呢？我们要注重以下五个原则。

原则一：有意识地提前培养继任者。

有些管理者很担心自己被优秀的下属替代，因此在培养人才的时候显得比较敷衍，不够重视，或者表面上重视，但实际上采取的行动却很少。

俗话说："兵熊熊一个，将熊熊一窝。"作为管理者，如果我们希望自己有机会向上晋升，那就不能这样目光短浅，把自己和下属都"封印"在当前的层级。我们需要主动为自己培养继任者，以便公司在将来评估我们的晋升问题时，不会因为缺少继任者这个因素而搁置对我们的调整。退一步讲，即使我们自己暂时没有晋升，但是我们把优秀的下属推荐到更合适的位置，给下属更好的个人轮岗或者晋升机会，他们会感激我们的培养，以后在工作中也会给我们更多的助力。

在日常工作中，可以有意识地让某个下属代替我们出席一些不重要的会议，牵头组织团队内部的活动，主导完成某一个方案，参与某些重要的外部活动，等等。总之，我们可以从自己的任务列表中挑出一部分工作交给下属，考察下属在某些方面的办事能力。事后我们可以根据其工作结果进行反馈，帮助下属查缺补漏，站在全局视角考虑问题。

原则二：把 80% 的精力放在绩优下属身上，而不是相反。

在培育下属的时候，基于自己精力有限和投入产出比的考虑，得分出优先级。我们不是优先帮扶绩效落后的下属，而是优先给业绩标兵排除障碍，或者这样说，我们的辅导精力可以按照下属的业绩和工作表现进行分配。我们需要把 80% 的精力放在能帮团队产出 80% 的业绩的那 20% 的下属身上，继任者大概率会从这些人中产生。

原则三：留出固定时间培养下属。

很多基层管理者的苦恼在于，自己有很多事务性工作要处理，没有太多时间去做团队管理和沟通工作。这又容易导致恶性循环，越不花时间辅导，下属成长得越慢；下属成长得越慢，无法把工作做到位，无法承担更多职责，自己就越没时间去辅导。如何尽快摆脱这一困境？

其实，**所谓的没有时间，只不过是没有把这件事情放在最高的优先级上**。

如果希望改变"没时间"的局面，唯一的办法就是优先在日程表上划定时间分配给这件事。更进一步，最好把做这件事的时间固定在一周的某个时间段，例如周五下午，然后告知团队，形成共识，彻底"焊死"这个时间段。让下属对我们的时间安排有清晰的认知，知道这个时间段是预留给他们的。

原则四：ABC 隔级培养。

作为管理者，我们在培养下属时，不能只把希望全部寄托在某一个人身上，因为一个人的稳定性是难以评估的。可以考虑采用"ABC 隔级培养"的策略，假设我们自己是 A，那么在培养下属 B 的同时，还需要同时考虑 B 的替代人选 C，确保一个角色、一项工作至少有两个人可以胜任。

原则五：持续招聘。

企业购买的招聘网站套餐基本都是按年付费的，空缺岗位招聘到位后，很多管理者就不再关注新的候选人了，虽然依旧能收到一些新简历，通常也不会再安排面试了。其实，哪怕在当前团队满编的时候，也可以保持一定的招聘频率，通过面试等方式，加强同外界人才的交流。一方面能提醒内部员工，保持一定的紧迫感，一旦内部有人员变化时，企业能够很快物色新的候选人接替；另一方面也能通过面试增加同行交流的机会。

　　要知道，我们的日常工作通常是比较封闭的，目光基本上都会被内部的各种工作任务、问题所吸引，很少持续地关注外部变化，对于外部的市场机会、同行的经验缺乏接触渠道，而面试则给了我们一个对外交流的平台。凡是有一技之长的求职者，我们都可以找机会来聊聊。很多机会、很多人才，都是在不断扩大的交流中碰到的。

第 5 节
行动力：影响我们行为的因素有哪些

从哪一步开始并不重要，重要的是开始本身。

——《奈飞文化手册》，帕蒂·麦考德

影响行为的三个核心因素

很多人都想改变自己，但总是在"尝试、失败、再尝试、再失败"的怪圈中循环。面对这样的困局，该如何突围呢？

斯坦福大学行为科学家福格教授发现了一个适用于描述人类所有行为的模型，将它命名为"福格行为模型"。我们的一切行为都可以被拆解成动机、能力和提示这三个要素，也就是"我想做""我能做"和"现在就去做"。

福格教授用一个最简单的公式来表示这个模型：B=MAP。B 指的是行为（Behave），而 M、A、P 则分别指的是动机（Motivation）、能力（Ability）和提示（Prompt）。福格教授认为，如果我们始终做不出某个行为，那肯定是动机、能力、提示这三个要素没有同时发生作用。

我们常常给自己设置一些目标，这些目标并非难如登天，也就是说，很多的目标都是能够完成的，但是为什么我们在执行的过程中常常走样？这就需要从以上三个要素着手去分析和改变我们的行为。

动机：内在驱动 + 外在压力 + 环境影响

福格教授专注于研究三个动机来源："你自己（你想要的），你希望通过采取行动可以得到的利益或受到的惩罚（胡萝卜加大棒），以及你的周遭环境（例如，所有朋友都在做这件事）。"

大多数管理者都认为培训很重要，但是开展培训的动机各不相同。有的管理者是真心希望培训能够帮助团队提升业绩；有的管理者是迫于公司的考核压力，必须完成相应的培训任务；有的管理者是看到其他团队都在做培训，自己不安排的话，下属有意见。不同的动机来源决定了管理者在培训上的投入差异。

在做一件事情之前想清楚为什么做。不同的动机会支撑我们走到不同的终点。

当然，动机也会随着时间和外部环境的变化而变化。

在工作中，我们可能因为和领导不对付，故意不好好配合工作，磨洋工，搞对抗。但是我们忘记了自己最终的目标——通过认真工作，取得更好的业绩，获得个人成长。我们常常把内在动机变成了外在动机，从而忘记了做一件事情的初心。

"ChatGPT 之父"、OpenAI 首席执行官山姆·奥特曼曾说："大多数人主要是靠外部驱动，他们做事情是为了让别人佩服。这种做法坏处颇多，但以下两点最为突出：首先这会导致你人云亦云，因循守旧。在工作中，你会过于在意他人的看法，这种在意程度可能已经远远超出了你的意识。并且这会阻碍你从事趣味性工作，即使你正在做这样的工作，也不过是在炒冷饭。其次，这会让你误判风险等级。从短期影响来看，你会将注意力主要放在和他人的竞争上，以确保不会在竞争游戏中落后。"

作为团队管理者，我们要关注员工的工作动机，适当地加以引导。对于有明确内在动机的员工，管理者要把他们的个人目标与团队目标整合到一起，在帮助他们实现个人目标的同时，圆满完成团队目标。对于缺少内在动机的员工，管理者需要更多地了解他们，帮助他们找到在这里工作的意义和目标，并通过一定的外部压力和环境优化，例如制度和流程的约束、工作环境的改善、文化氛围的营造等，激发他们的战斗力。

能力：大目标分解为小动作

能力会影响目标的实现。能力越大，越容易实现目标。降维打击的状态谁都想拥有，就像《倚天屠龙记》这部小说一样，遇到玄冥二老的时候，我们都希望自己立刻变成张三丰。问题是处于困境中的我们，总感觉能力不足，做起事情来格外吃力。怎么办？

要想短期内提升能力非常困难，让毫无跑步经验的我们一下子去跑个马拉松肯定不现实，但如果允许我们一个月跑完马拉松的里程，我们就不会有什么压力了。

老子在《道德经》里说："天下难事必作于易，天下大事必作于细。"福格教授在《福格行为模型》中说："人类的天性决定了我们无法长期坚持做令自己痛苦的事情，但如果从容易做的事情开始，就可以做到你想做的几乎任何事。"

假如我们规定自己每天要读十页书，但我们一想到这个艰巨的任务时，就给自己打退堂鼓，这个目标肯定完不成，还不如刷会视频呢。其实，我们可以把目标设置得简单点：第一步，坐在书桌前打开书；第二步，看完第一页，就算顺利完成了任务。也许我们会想，为什么不再看一页呢？哪怕我们真的只读了一页就逃跑了，也比什么都没做要好得多。

　　有一次，我安排一位新同事写一篇宣传稿，按照以前的做法，我只会告诉她最终想要的效果，最多发一份以前做过的类似的文档做参考。但这样做的话，通常是下属领了任务回去，但是不知道该如何下手，于是便会选择去做其他容易的工作或不重要的小事情。

　　这次我先分享了为什么要写这篇稿子，对我们的意义是什么，希望达成的目的是什么；往年类似的稿子的写作结构和风格是怎样的，最终的定稿好在什么地方；这次稿子的标题要如何写，才能符合要求；每个章节的小标题该如何拟定；需要的数据找谁要……

　　我把这些事情逐一交代清楚以后，还规定了初稿提交的时间，要求她遇到问题要立刻沟通。第二天下午我就拿到了下属的初稿，因为很多信息她都掌握了，启动这件事情的难度一下子降低了很多。她先和其他部门打招呼要数据，在别人准备数据的同时，就可以先拟写其他模块的内容。虽然第一稿的总体质量没有达标，但大致结构没有问题，某些地方还有出彩的亮点，这比我预想的效果要好。

　　千斤壮志，不如一两行动。把一件事情分解成诸多可以立即执行的步骤，就能"忽悠"我们的大脑：这件事很简单，马上就可以启动。一旦启动，就有收获。

　　如果我们希望提升自己的工作能力，就要学会把大目标拆解为可执行的小事情，然后去逐一落实。

　　除了在业务上对下属进行辅导以外，管理者还要努力为下属创造更好的资源支持，配备更先进的工具，帮助下属提升效率和增加产出。有个朋友曾经抱怨他们公司的电脑配置比较低，经常卡顿，影响工作效率和工作心情。后来他们部门换了个团队负责人，看到这样的办公条件，就跑去公司领导那软磨硬泡，最后把下属的电脑都更新换代了，团队的士气一下子就提升了一大截。通过升级工具给员工赋能，放大员工的能力，也是管理者应该关心的优先事项。

提示：让目标随时被看见

有了目标，有了实现目标的动机和能力，是否就能确保自己朝着目标一路狂奔呢？

在现实工作中，我们总会遇到很多突发的临时情况，随时干扰着我们的注意力，让我们偏离既定航线，或者捡了芝麻丢了西瓜。到最后我们发现事情做了不少，但是核心目标仍然没有被攻克。我们要如何避免出现这种情况呢？这就要考虑影响我们行为发生的第三个关键因素：提示。提示能帮助我们想起最重要的那件事。

第一，工具提示。

最常用的提示方法是用工具提示，例如把记录团队近期核心任务的白板放在团队办公室里每个人的必经之地，方便所有人随时看到。当然，借助项目管理类的软件也可以实现这个效果，但亲眼看到的提醒会产生更大的效果。

对于管理者和员工个人来说，可以在电脑屏幕旁贴一张便签条，提醒自己当前最重要的任务。也可以通过滴答清单、印象笔记之类的软件，在电脑桌面显示待办清单。我们可以多试试几种方法，然后选择自己最喜欢、能用得最久的那一个。

我在工作中习惯于用日历提醒来触发行动。比如说，下班前十五分钟，手机日历会提醒我，该写今天的工作小结了。一是总结一下今天的主要工作和明天的三个重点任务；二是写一条今天的收获，可以是自己的工作思考、同事传授的经验，或者是看到的有价值的观点、案例等。

第二，行动提示。

当我们完成某个日常行为的时候，就想到立刻做这件事。例如，早上洗漱的时候，打开得到 App，听音频专栏；早上到办公室泡茶的时候，立刻开始做最重要那件事；下午下班坐上单位班车的时候，带上降噪耳机听音乐放松；在准备洗澡的时候，先做 10 个俯卧撑……

《福格行为模型》这本书里提到一个妈妈的做法，"她每天早上把女儿送到幼儿园后，都会把车停在路边，在便利贴上写下一条待办事项，只写一条，而且是回家后可以立刻完成的，比如发一封销售电邮、安排一个项目会议、起草一份就医指南等。"

这个小小的行为帮助她树立了工作的确定性，有了目标，她到家以后就知道该做什么了。这是用一个我们已经形成习惯的、经常发生的行为（送孩子上学），去唤醒另一个我们希望培养的新习惯（写一条待办事项）。

用旧行为唤醒新行为，这个提示相对更稳定，能够无痛衔接。如果动机暂时无法唤醒，能力短期无法提升，那么仅仅是增强提示的作用，也能立刻影响我们的行为。

第三，环境提示。

申克·阿伦斯在《卡片笔记写作法：如何实现从阅读到写作》中说："成功不是源于强大的意志力和克服阻力的能力，而是源于高明的工作环境事先避免了阻力。"如果要写一份重要的工作方案、汇报材料，躲到无人打扰的会议室，效率就会高很多。这就是环境给我们带来的提示，这个提示是闭关，只有写完这个材料，才能出关。

在组建跨部门项目小组的时候，如果有条件，一定要申请一个临时的集中办公区，哪怕是一个会议室也行。只有把成员都聚拢到一起，才有共同为某个项目攻关的紧迫感，在这样的环境里也更方便大家交流。如果大家还是在各自原来的工位上，就很难有共同战斗的感觉，这就是环境起到的提示作用。

第四，消除干扰提示。

除了正面提示以外，我们还要努力削减干扰提示，这些提示特别容易让人分心，例如聊天软件弹出的提醒、手机收到的信息推送、别人交代的临时任务，还有我们自己在做事过程中的分心等。《高效学习：曹将的公开课》中举了一个例子："比如有的人是这么做 PPT 的：某一页写好了文字，觉得应该配个图，于是开始在网上浏览，发现了很多有趣的图片；点击后进入一个网站，发现里面的新闻也挺有意思的，于是又看起了新闻……10 分钟过去了，才突然意识到自己需要配图，赶紧又去查找图片。但如果我们换个流程，结果就会好很多：第一轮只写文字，之后再集中精力找配图。这样每一块的工作都更加集中，注意力也自然更聚焦。所以，通过一些简单的设计，我们便能更有效率地完成工作。"

此外，我们在接到临时任务时，不要立刻去做。记住我们的原则：**当前最重要的事情只有一件**。我们要保持"行动清单"的清爽，"行动清单"上最好只有一项工作，其他要做的事情通通放在"待办清单"里即可。我有个体验，假如我当天计划要做 10 件事情，那最终的结果是什么重要的工作都无法完成，因为太容易分心了。

第 6 节
目标管理：如何保持目标感

"聚焦目标"意味着你要摆脱所有可以做但不是必须做的事，
专注于你应该做的事。

——《最重要的事，只有一件》，加里·凯勒、杰伊·帕帕森

认知地图

在刚开始做基层管理者的时候，我最大的感受就是忙。整天都
是忙忙碌碌的状态，感觉做了很多事情，但是月底写总结时一拉清
单，发现做的都是边边角角的琐碎事，当初制定的目标躺在一旁，
没有顺利闭环。后来我才慢慢意识到目标管理的重要性。

怎样才能拥有一流的目标感呢？我们可以读一读《西游记》中
孙悟空在灵台方寸山的求学经历。有一天，须菩提祖师问孙悟空想
学什么，孙悟空就问有哪些课程可以选择。须菩提祖师罗列了很多
门课程，孙悟空都逐一询问，学这个可以长生不老吗？只要不能长
生不老，孙悟空立刻就把脑袋摇得和拨浪鼓一样。反观我们普通人，
很容易在做事的过程中丢失了目标，走到了另外一条路上而不自知。

目标一直都在，只是我们经常忽视它。

新精英创始人、著名职业规划师古典老师曾说："我以前给企
业讲课的时候，经常会请企业的一把手和二把手做一件事：请一把
手写出三件他最希望二把手干的事情，同时请二把手写出三个他认

为一把手最希望他干的事情。最后两个人一对，往往都对不上，能对上一两个就很幸运了。你可以跟你的领导或者员工试试看，一定会大吃一惊的。大多数人都不清楚企业对自己有什么具体要求。所以，如果你在职位上做得不够好，无非就是因为你贡献的价值不清晰，或者你对组织的要求不明确。"

以前我在带团队的时候，每次开例会，都会发现有的下属能抓住近期工作的重点，有的下属完全是埋头做自己的事情，很少考虑团队的整理目标和任务。

如果我们在带团队的时候，发现大家的工作结果和我们想象的有差距，可以和下属分别写一写工作重点，看看我们和下属写的目标差距有多大。

在制定目标这件事情上，管理者的使命在于三件事情：

第一，充分理解公司战略，根据公司整体目标确定自己团队的核心目标；

第二，找到完成团队目标的路径、方法和所需资源；

第三，帮助下属把个人目标和组织团队结合起来，带领下属一起达成目标。

在这个过程中，管理者的重点是做好督促和辅导，每周都要和每个下属保持至少一次的目标对齐谈话，帮助他们确定下一站目的地，避免跑偏，并提供相应的支持。在这个过程中，最核心的就是询问两件事：**你本周最重要的任务是什么？我能提供什么样的支持？**

需要注意的是，管理者不能偷懒，每周都要询问和交流。保持目标感的最佳方法是高频率、坦诚地沟通，确保信息传递的通畅和理解的准确性。

外界目标和内部目标

万维钢在《高手：精英的见识和我们的时代》一书中介绍了**"外界目标"**和**"内部目标"**的概念，对管理者来说很有启发。

什么是外界目标？举个例子，如果公司有晋升答辩的机会，我们就准备好个人简历，罗列工作以来取得的业绩和成就，把简历提交给领导，希望获得晋升机会。外界目标就是顺利晋升。当然，想达成外界目标，有很多因素是我们无法控制的，例如竞争对手的情况、答辩现场的表现、领导们是否支持我们等。

什么是内部目标呢？在准备晋升答辩的过程中，我们认真准备好简历和答辩演讲稿、PPT；为了取得更好的效果，在家里提前排练十次以上，确保自己能在规定的时间内流畅地完成现场演讲；同时，预先准备现场评委可能会提问的问题，把问题和自己的思考写下来，并且多次尝试自问自答，从而降低自己临场发挥的紧张感。所有这些动作都是我们自己可以掌控的，这就是我们的内部目标。

如果我们把目光聚焦于内部目标，也就是自己可以控制的事情上，我们就不会焦虑，只需要按照计划做好准备即可。哪怕最终晋升失败，也不会感觉愤怒，因为我们已经做好自己该做的事情了，并不会因为这件事情影响接下来的工作状态和个人情绪。

如果我们更在意取得外界目标，那么得失心就会非常重，一旦竞争失利，就容易垂头丧气、怨天尤人。这种糟糕的情绪一旦被带入工作和生活中，很可能会引起新的危机，例如让领导感觉我们似乎受不了一点点挫折，让同事、下属觉得我们被领导层否定，把郁闷的情绪状态传递给家人等。

以前我在高校工作时，曾经管理过辅导员团队。当时的团队配备比较弱，大多都是新手，大家过去的工作重心主要是完成日常工作即可，对自己的职业规划思考得很少。特别是对于很多学生竞赛、辅导员技能竞赛，大家都不太愿意尝试，总觉得很难获奖；如果不能获奖，花时间参赛又没有意义。为了改变这个现状，我和院长商量，先从鼓励大家报名开始，只要报名就行，然后按照比赛规则和要求进行准备，至于能否争得荣誉，我们没有任何要求。

有意思的是，当我们不再为了外界目标而焦虑时，反而能够一心一意地踏实做事。很快，我们就有了一些在校级层面获奖的项目，然后以此为跳板，在市里、省级的竞争中获得荣誉，后来还有一些项目率先取得国家级奖项的突破。

当然，参加竞赛的过程还是非常辛苦的，需要花费很多时间去准备，也需要经历多次失败，在积累经验后才能提升获胜的概率。在这个过程中，如果我们只关注外界目标，就会很容易放弃。但如果我们把目光聚焦于内部目标，专注于自身能力的提升，就更有掌控感。如果我们能不骄不躁地把工作做到位，一步一个脚印，时间自然会站在我们这一边。获奖是能力和表现提升后的自然结果，但那并不是我们唯一的追求。

在管理团队时，我们要优先定义清楚问题，区分好外界目标和内部目标，上下一心，才能更加理性地推进问题的解决。

唐纳德·C. 高斯在《你的灯亮着吗：如何找到真问题》一书中说："没解决过多少问题的新手们，总是在还没定义清楚待解决的问题时就草草提出解决方案。即使是有经验的老手，也会在外界逼着他们快点交出解决方案时屈服。"

网上曾经有个案例，一家互联网公司在考核程序员的时候，管理者居然根据程序员写的代码行数来评价其工作业绩。于是，程序员每天都琢磨着，如何通过拼命刷代码行数来获取更多的奖金。

好目标的三个维度

如果要用一个公式来形容什么样的目标算是好目标，我觉得可以这样表述：**好目标 = 难度 × 具体 × 唯一**。

首先，好目标必须具备一定的难度，员工踮踮脚能够得着。

这个难度必须在团队能力、资源支持的范围内，不能脱离实际。有些管理者在制定目标的时候，过于乐观，今年刚做到 500 万元的业绩，明年的目标就喊着要突破 3000 万元，很容易忽略业务发展的规律。

其次，好目标要具体。

在最近一次跨部门工作协调会上，我发现有些基层主管在安排工作事项的时候，写得比较模糊，不擅长清晰地定义目标，特别是目标完成的交付物。例如，有一项工作描述是这样写的："关注某方面的数据变化。"这就不是一个清晰的任务描述，因为无法交付。"关注"具体是谁去做？是只需要看几眼数据，还是要从头到尾跟踪数据的动态变化？是看完就行了，还是需要交出什么作品来证明自己完成了这项工作，并取得了相应的价值？

因此，我建议对方**在布置任务的时候，一定要明确交付物（含交付标准及目标）**。例如这样布置工作："请 A 部门的张三，关注某某方面的数据变化。每周一上午 11 点前，整理出上一周的数据变化趋势，用 Excel 表格的形式展示，并根据变化趋势，提出至少 3 条可落实的调整建议，以便李四在某某业务决策上获得专业化的建议。"

最后，好目标要是唯一的。

人的精力是有限的，团队的资源也是有限的。拣了许多芝麻是无法凑成一个西瓜的。俗话说"将军赶路，不追小兔"，就是要我们在确定目标的过程中，保持足够的专注，不要因为一些容易完成的小目标，就放弃了对核心大目标的追求。

罗里·瓦登在《时间管理的奇迹》中提到："在某一时刻，你只能有一件优先事项。优先本身的含义，就是指'排在所有事情最前面'。所以，你一次只能有一件优先任务，它通常就是你手头正在做的事情！"

最重要的事情只有一件，这个原则要反复练习，直到掌握。 很多时候我们知道这个原则，但未必总是能做到，这就需要在工作和生活中反复觉察、反思并改进。

例如某一天上午，我有一个重要的报告材料要完成，我将之定义为我的 A1 任务。但在实际工作中，我没有足够专注，注意力好几次偏离了 A1 任务。

第一次分心是我接到集团培训经理的钉钉消息，给各个单位分享了一个培训课程，我跑去和相关部门负责人沟通，协调参会人员，并安排人事主管具体对接后续事宜。其实，这件事情并不着急，只能算是 B 级任务，因为培训的时间是在下周，只需要在后天反馈我们的参训名单即可。

第二次分心是我需要打印一份文档，结果打印两页后发现打印机的墨水不足，我又提醒行政人员更换。其实打印这份文档并不着急，可以算是 C 级任务，但因为这件事情很简单，我就干脆做了。结果我又分心了，需要重新凝聚注意力。

第三次分心是我看到某个微信群里有个全员消息提醒，是一位群友出书了。看了下书名，是我感兴趣的书，我就下单买了这本书，于是又分心了。后来为了避免干扰，我干脆直接在电脑上退出了微信。

第四次分心是有位员工找我聊事情，事情倒不紧急，本来我可以告诉对方，下午我去找他，结果我没好意思拒绝，就请对方坐下来聊了十几分钟。虽然时间不长，但是又打断了思路。

最后，我在中午十二点半才完成了这份报告，如果能够避免以上四次分心，我提前完成任务就应该是没问题的。

优先完成 A1 任务，才是获得高效率的关键。把重要的、有难度的 A1 任务，安排在一上班的时候，趁着自己最清醒的时间去完成任务，才能拥有更好的状态。下班前的一段时间，人的精力会有所下降，很适合做点并不着急的工作，例如沟通协调、谈话等，这些工作不需要太动脑子。

好目标永远只应该有一个，其他的都只能叫待办任务。

第 7 节
时间管理：如何与时间做朋友

一个人的效率是很难提高的，自己唯一能够控制的就是少做一点事情，有些无关紧要的事情就不要做了，而不是挤压时间把所有的事情凑合做完。

——《见识》，吴军

时间管理的失效

在刚开始做管理工作的时候，我们都会经历手忙脚乱的阶段，既要处理自己的工作，指导下属开展工作，又要响应上级领导的临时指令，应对平行部门的协助要求……

稻盛和夫曾感叹："我能不能学学孙悟空，也拔出一把毫毛来一吹，然后让每一个业务现场都有一个稻盛和夫？"

管理者的时间被切割得七零八碎，对于时间管理的需求也格外紧迫。我们都希望自己拥有更多的时间，处理更多的事情，让自己获得一丝喘息的机会。

刚开始做管理工作时，我试图找出时间管理的最优解，尝试过诸如"时间管理四象限"之类的方法，但效果并不理想。一方面是浅尝辄止，没有长期深入使用某一个方法；另一方面是经验尚浅，对于很多事情区分不好"重要"和"紧急"的关系。后来我在费里斯的《每周工作 4 小时》一书中读到这样一个观点：

对于时间管理，就一句话：忘了它吧！从严格意义上来讲，你不应该试图每天都做更多的事，每一秒钟都在开足马力地工作是不现实的。我花了很长时间才意识到这一点，我过去也是"大量工作才能获得好结果"这一理念的信徒。

假装忙碌，通常是为了掩饰自己逃避了那些必须做又很难做好的事情。躲避难做但又重要的环节的做法有很多，如你可以给几百个根本无效的潜在销售对象打电话，重新整理你的 Outlook 联系人，在办公室里翻找那些你并不真正需要的文件，或者在毫无必要的情况下，花好几小时优化你的手机。

这段话真的是直戳人心。为了假装忙碌，为了提高所谓的效率，刚参加工作时，我曾经很多次折腾电脑，隔几个月重装一次系统，优化各类设置。说到底，都是在逃避去做重要且艰难的事情。

加里·凯勒在《最重要的事，只有一件》这本书中提醒读者："你的优先事务只有一件，你要立刻去做，以此帮助自己达到目标。你或许有很多'重要的事情'，但认真考虑后你就会发现，只有一件最重要的事，那就是你的优先事务。"

管理者容易陷入忙碌的工作状态，也容易陷入"忙碌即正义"的情绪陷阱。

当我真正意识到这个问题的时候，一下子就释然了。过去的自己总是试图同时做很多事情，希望完成更多的工作以证明自己的价值。后来才明白，依靠不断地捡芝麻，最终是无法获得一个西瓜的。在细枝末节上的效率越高，越容易导致我们忘记抬头看路。

大多数时候，管理者的时间并没有"好钢用在刀刃上"，而是被动地响应每天出现的各种问题，没有聚焦团队的核心目标去分配时间。辛辛苦苦到年底，一算账，发现做了不少小事，却没有大的收获。

　　管理者要放下对时间管理的执着追求,回归到工作的本质——优先挑选并完成对组织绩效最有价值的事情。不能只盯着眼前的效率,而忽视了长期的价值。

　　业绩的取得不在于我们长期处于忙碌的状态,而在于我们做对了正确的事情。

从记录时间开始

　　有的管理者认为自己把精力分成了三部分:一部分用在了会议上,另外一部分用在了培养人上,还有一部分用在了和其他部门协同上。但他一看每天的记录才发现,做这些事,只花费了一小部分的精力,大部分的时间都被琐碎的事情占据了。如果不记录每天的时间花到哪儿去了,就无法客观评估自己的时间安排。

　　我们都知道自己最重要的事情是 A、B、C,但是在实际工作中,我们花时间比较多的事情可能是 X、Y、Z。

　　如何记录自己的时间呢?我们可以参考下面的表格,记录自己每天计划做什么,以及实际做了什么。

表 4　时间记录表

计划做什么	时间段	实际做了什么
	8:30—9:00	
	9:00—9:30	
	9:30—10:00	
	10:00—10:30	
	10:30—11:00	
	11:00—11:30	
	11:30—12:00	
……	……	……

　　我们可以以半小时（或一小时）为单位进行记录，先做好当天的工作计划，然后统计自己每半小时的实际工作情况，最后对比计划和实际执行的差异。为了防止遗忘，我们可以设置手机闹钟每半小时就提醒一次。

　　我一般习惯在前一天下午五点做第二天的工作计划。为了防止忘记，我在电脑桌面上设置了滴答清单的日程提醒。我们无法管理时间，无法控制时间流动的快慢，更无法让时间暂停，等一等疲于奔命的自己。我们唯一能确定的就是选择优先做哪些事情，放弃做哪些事情。在重要的事情上 All in 当前的所有时间。

最重要的事情只有一件

　　诺贝尔文学奖获得者埃利亚斯·卡内蒂在《人的疆域：卡内蒂笔记 1942—1985》中写道："最难得的是少做。但一个人能做成什么，正取决于此。多做是让我们觉得舒服的事；而少做才是对的事。"

　　在给下属布置工作的时候，我通常会协助他们识别最重要的工作任务，提醒他们必须先完成它，而不是试图同时推进好几件事情。为了降低他们的焦虑感，我会明确告诉他们，完成了最重要的那件事情，即使其他的任务有所延误甚至压根来不及做，也没有关系。就怕我们高估自己的能力，最重要的事情还没处理完，想着先去处理其他工作，再回过头来继续做最重要的事情，很可能已经没有足够的时间和精力了。

　　张云亭在《青年管理者》一书中建议我们："要专注，不要贪多求全，一次最好只干一件事情。那些没有被写进日程表里的事情，并不是要求管理者在有闲暇时再慢慢完成，而是应该尽全力回避，因为在它们那儿投入时间无异于一种浪费。"

　　擒贼先擒王，"王"（相当于最重要的那件事）还没有抓到手里就跑去追逐"小兵"（其他任务），这是舍本逐末。即使最后抓到几个"小兵"，对大局也毫无助益。

　　对于管理者来说，在工作中临时切换任务的频率太高了。一个任务尚没有完成，就开启了另一个任务，结果可能是遍地开花，但是结出的果子很少。

　　提高效率的根本措施就是要少做点事。这似乎和我们的认知有些差异。我们都在追求用更少的时间做更多的事情，追求寻找效率更高的工具，手机里安装了很多时间管理 App，以至于我们都觉得还需要一个管理"时间管理 App"的 App。

　　我们总想着多做点事情，把事情快速做完，但是常常忽略，这些摆在我们面前的事情，哪些是必须自己做的，哪些是可以交给别人做的，哪些是可以不做的。吴军老师总是很谦虚地说自己的效率并不比别人高，只不过他更愿意思考如何少做一点事情，从而让自己更加专注。

　　短期来看，大家一小时的效率差不了太多，但是基于"少做事，做量级更大的事情"的原则，从一周、一个月、一年甚至更长周期的时间来，每个人的效率千差万别。

　　管理者每天都会被组织内部的各种事情缠绕，这些事情太容易吸引管理者的目光了，以至于本应该用来关注外部市场与客户的时间，大部分都被内部事务吞噬了。这就要求我们，必须留出固定的时间去向外看、向外连接。我们需要宣告自己的某个时间段只留给外部，可以是一周固定的某一天或者半天，这段时间只能用来做特定的事情，让其他人配合我们，不干扰我们，或者和我们一起向外看，寻找组织的新机会、新思路。结构化我们的时间，是重新定义时间的好方法。

史蒂夫·帕弗利纳在《聪明人的个人成长》中说："你无法控制时间的流逝，但你能够控制当下专注于什么。就是这样——没有过去，没有未来，只有当下。"

不要悔恨过去没有抓住时间，也不要指望以后再努力，如果想做些什么，当下就是最好的选择。

掌控时间的五个小技巧

自从我从事管理工作，为了提高自己的时间利用率，在经过了很多次的失败以后，我总结了以下五个小技巧，供大家参考。

第一，早到单位占先机。

每天提前一小时到办公室。如果通勤距离较远，也为了避免早高峰堵车，可以提前到办公室，悠哉地烧点水，泡杯茶，做个 10 分钟的小锻炼，看会书，检查昨日未完成的工作，拟写今日工作重点。早到的掌控感会让我们一天都充满能量。

第二，分类进行单线程工作。

我通常选择在工作本的左边写上三件当天最重要的事情，这是今天我要全力以赴搞定的 A 类任务。其他的任务列在工作本的右边，例如需要与别人沟通或者交代给别人做的 B 类任务、需要自己完成的 C 类琐事任务。

正式上班后，集中火力做 A 类任务，按照 A1、A2、A3 的顺序，不要同时打开多个软件或者文档，一次只做一件事情。完成 A 类任务以后，再挑笔记本右侧的 B 类任务做，C 类任务可以集中在某个时间段（最好是下班前一小时）打包完成。当然，我们也可以在做完第一件大事的空隙，挑个简单的小活做做，例如打个电话、回复某条信息，当作休息。

第三，临时任务等一等。

接到临时的任务（哪怕是领导布置的活）时，一定要和对方尝试沟通："您看这项任务最迟在什么时间完成？"

确认以后，把事情记在笔记本的右侧。只要不是非常紧急的事，都可以这样处理。如果不是今天的临时工作，而是明天的任务，就写在笔记本的另一页。每天的笔记本都保持只用两页纸。遇到开会或者领导布置工作，另外再用一个专门记笔记的本子。

第四，保持一定的时间弹性。

以前我有一位同事，经常把"*截止日期就是生产力*"这句口号挂在嘴边，她有一个习惯，就是在接到重要的工作任务的时候，把截止日期主动提前两天，这样不仅能够督促自己更早行动，同时也预留了修改和调整的时间。

有些人总喜欢把自己的时间表以每半小时为单位进行划分，这是相对理想化的状态。然而一旦遇到临时会议，或者有突发情况要处理，他的时间表就会被打破。这就导致他格外慌张，在做 A 事情的时候，就在忧虑 B 事情，常常导致这两件事情都做得不太到位。

在做计划的时候，最多按照 70% 的时间来布局，预留 30% 的空档，给自己的时间保留一些弹性。越是着急赶路的人，越容易走错路。来回折腾的时间过多，反而不如留出一点时间，看准路标再行动。别慌张，一慌张就焦虑，一焦虑就出错，一出错就崩溃。

第五，立刻行动。

凯文·凯利说："*大约 99% 的情况下，正确开始的时间就是现在。*"

如果我们真把一件事放在今天的最高优先级，我们就一定可以为它挤出时间。

拣日不如撞日，现在就是重新思考和规划自己时间的最佳时刻。

第 8 节
自我管理：如何刷新自己的操作系统

如果有人说他们做不到……记住，那些是他们的极限，不是你的。

——《自我实现之路》，博多·舍费尔

认识自己

曾经有人问过泰戈尔："世界上最容易的事情是什么？最难的事情是什么？"泰戈尔说："这个世界上最容易的事情就是指责别人，最难的事情就是认识自己。"自我管理的前提是认识自己，对管理者来说也是一样。我们要弄清楚自己的优势和劣势，结合个人特质去更好地开展管理工作，规划职业生涯。

"神奇的如果"（Amazing If）公司的联合创始人海伦·塔珀和莎拉·埃利斯写过一本书，书名叫《曲折的职业道路：在终身工作时代找准定位》，她们在书中提到："我们建议你花大约 80% 的时间提升自己的优势，花 20% 的时间改善妨碍你在工作中表现出色的具体弱点。努力做好每件事是一项吃力不讨好甚至不可能完成的任务。专注于提升自己的优势，而不是浪费精力去担心自己的弱点，这样你付出的时间才会得到更多回报。"

我甚至觉得只要把弱点限定在一定的范围内，不对工作产生太大的影响，每个人都应该把全部精力投入优势领域，而组织的作用就是帮助每个人发挥长处，并通过团队合作的方式，用他人的优势来弥补自己的弱点。

如何发现自己的优势呢？这需要我们认真观察和反思，自己做什么样的工作很有干劲，很享受整个过程？在面对诸多任务时，自己更喜欢优先做哪些任务？喜欢什么样的挑战？积极心理学大师马丁·塞利格曼将这类事情称为显著优势，即我们喜欢且擅长的事情。需要注意的是，**这种喜欢要发自内心，而不是基于外界评价。**

《我能做销售吗》一书中讲述了这样一个故事，大意是某公司曾经有一个小伙子的销售业绩非常好，入职一年左右就连续拿下了几个大客户，成了销售冠军，他就有点自我膨胀，向领导提出要求，要当销售经理，如果不让他带团队就是看不起他。领导和他谈话，说做专职销售挣的钱不会比销售经理少，完全可以在这条专业销售的路径上多积累几年经验，不一定要着急着做经理，初级经理的收入水平可能还赶不上业绩好的销售。这个小伙子觉得自己现在已经有能力带团队了，一定要试一试经理的岗位，刚好公司目前也有销售经理的空缺。他还威胁说，如果不让他带团队，他就离职。

为了避免人才流失，领导只好让他试一试。刚开始给他带两个人，后来他执意要求增加到四个人。有意思的是，等他真正当上销售经理以后，他的状态和业绩一落千丈，每天都过得焦头烂额。因为他缺乏管理经验，自己又不擅长做工作计划，手下的四个销售员出不了业绩。团队考核任务无法达标，他成了业绩最差的经理。没办法，他只好自己去亲自去打单，因为团队人员多，他的任务量也比之前翻了几倍，忙得十分辛苦。但是他手下的销售员却不买账，因为感觉销售经理并不怎么管自己，也得不到工作上的指导和帮助。后来这四个人相继离职，导致团队分崩离析。这个小伙子的心态也崩了，自己也离职了。这是一个双输的局面，公司损失了优秀的销售人才，人才也失去了公司的平台。

做一个销售冠军或销售经理，面对的是完全不同的能力素质要求。前者更考验单兵作战能力，通过个人的努力和资源取得业绩；后者更看重计划、组织、协调以及指导下属的能力，通过管理和协调他人来达成团队目标。

塑造自己

有人说，我们是被习惯塑造成现在的模样的。作为一名管理者，在加强自我管理的时候，需要格外关注习惯的力量。一方面通过好的习惯持续塑造自己，另一方面也要注意坏习惯对自我成长的破坏。在实践中，我喜欢称好习惯为上坡习惯，坏习惯为下坡习惯。

上坡习惯需要自己努力维持，会让自己感觉有些辛苦，同时也很容易中断。比如说早睡早起、专注、好奇、创新、稳定的情绪、读书、写作、反思等。

下坡习惯会让人感觉很舒服，做起来不费力，但坏处是不加以控制就很难自动停下来。比如说睡懒觉、说脏话、暴脾气、沉迷手机、做事三分钟热度等。

我们以上坡习惯为例，看看管理者应该如何培养好习惯，帮助自己进入更好的状态。

上坡习惯一：专注。

如果只能给团队管理者提供一个自我成长的建议，我会特别提醒他们提升自己的专注力，秉持"最重要的事情只有一件"这个原则开展工作。

管理者每天来到公司的第一件事情不是埋头工作，而是问问自己以下几个问题。

1. 今天最重要的一件事情是什么？做好这件事情是否让自己感觉很有成就感，也格外放松？

2. 这件事情当中最核心的部分是什么？

3. 为了确保完成最核心的那部分工作，自己现在应该做什么，从而更快地进入状态？

马伯庸在《两京十五日》中讲述了一个小故事："这是祖父永乐皇帝教他（朱瞻基，即明朝第五位皇帝明宣宗）的窍门：一个人如果面临纷乱的局势，一时难以措手，不妨先从做完一桩小事开始。一个个麻烦由小及大，逐一解开，你不知不觉便进入状态了。古人临事钓鱼，临战弈棋，都是这个道理。"

效率来自专注，专注始于一个确定的微小动作。为了提升自己在工作中的专注力，我专门做了一张电脑桌面壁纸，在图片上写上一句话："始终专注于A1任务；把手机放在更远的地方。"每次看到这句话，它都会提醒我想一想，当前我正在做的事情是不是最重要的那件事，是不是屏蔽了很多干扰（例如手机）。

上坡习惯二：好奇心。

吴建国在《华为组织力：构建持续打胜仗的团队》中提到，在进行人才招募和选拔时，要着重观察候选人的好奇心。什么是好奇心？书中说："对新事物很感兴趣，能够主动学习新事物、新知识和新技能。他们善于提出好的问题，不断去尝试解决问题，并把失败看成获得经验教训的宝贵机会。可以通过这类问题来考察一个人的好奇心：他有没有对现有的做法提出疑问，这件事为什么要这样做？如果有人顶撞他，他会如何对待？他如何看待自己未知的领域？"

管理者如果想刷新自己的认知和行为，就必须拥有足够的好奇心，敢于探索、尝试新的工作理念和方法，让自己与时俱进，而不是固步自封。

上坡习惯三：反思。

如何更好地反思自己呢？这件事没有捷径，我们能做的就是随时记录，定期自省。建议在办公室放一个小本子，A6 规格（和手机差不多大）就行，也方便携带。每当感觉自己做错了什么，就立刻记录下来，有空就翻一翻，提醒自己以后要注意规避。另外，还可以记录自己和别人做得好的案例，作为正面学习清单。不论是从朋友身上学到的，还是从书籍中看到的，都可以为己所用。

这是我推荐给很多朋友的方法，我在一些培训讲座上也建议听众这样做。有几个尝试过的朋友都觉得非常好，但大多数人很少尝试，或者很难坚持下来。

进步都是缓慢发生的，甚至常常缓慢到我们开始怀疑人生。很多人不是不知道一些自我刷新的好办法，但大多停在了知道的层面，没有采取行动，或者仅仅是浅尝辄止。其实我们只要能够选择一个好方法，长期做下去，熬过了临界点就会好很多。就像走上坡路，刚开始体力充沛，能够坚持下去，但过了一段时间就容易感觉疲惫，产生放弃的想法。

我们可以选择停下，也可以选择继续前进。《哈利·波特与密室》中霍格沃茨魔法学校的校长邓布利多曾对哈利说："It is our choices, Harry, that show what we truly are, far more than our abilities." 大意是说，决定我们成为什么样的人的，是我们的选择，这远比我们的能力更加重要。

作为基层管理者，我们要努力培养一些上坡习惯，克服一些下坡习惯。因为下坡习惯很容易养成，就像滚雪球一样，如果我们不加以控制，它会一直滚下去，越滚越大。例如有的管理者经常控制不住脾气，每次不分青红皂白地把下属批评一顿，后来发现自己搞错了情况，又不愿意去和下属道歉，时间一长，下面的人才就很容易流失。

持续总结

刚参加工作时，我的领导曾经告诉我一句话：**"总结的次数等于成长的高度。"**

在领导的提醒下，我慢慢养成了写工作思考笔记的习惯。工作思考笔记的内容有长有短，短的只有一两句话，长的几乎是一两千字的文章。十年时间下来，我记录的文字着实不少，差不多有几十万字了。持续写总结也会促使我多读书，多去接触一些不同行业的牛人，倒逼自己增加输入。

有次和一位同事聊天，我建议他每天写 500 字的工作小结，思考当天自己做得好的地方、做得不好的地方，还有观察到的其他同事做得好的地方、做得不好的地方。从这 4 个方面思考，每天花十几分钟来写，很容易就达到 500 字了。然后每个月抽空翻一翻这些记录，提醒自己注意，好的经验要继承和发扬，坏的毛病要注意规避。算算看，每年除了节假日，我们有 200 多天的工作日（就按200 天算吧），500 字 / 天 ×200 天就有 10 万字的总结了。如果真的能坚持下来，每一年的进步都可能会让自己大吃一惊。

有人会问，为什么要写总结呢？每天做完事，清清爽爽地下班去，何必多思惹人烦？有时候，我们可以选择偷懒，降低标准，虽然我们的领导未必察觉，但时间长了，我们习惯了这种模式，就很难再提起劲头去严格要求自己，慢慢地成为单位里的"差不多先生"或者"怕麻烦小姐"。

当然，写工作总结只是督促自己思考、帮助自己成长的一种方式，并非放之四海皆准。如果我们不习惯写作，可以每天抽10分钟的时间在脑海里回顾一遍今天的得失，这当然也没问题。

猎豹移动董事长兼CEO傅盛曾说："什么是成长？如果所有条件都不变，重来一次，你能干得比上次更好，这就是成长。"

管理学家罗伯特·卡茨在1955年提出管理者三大能力模型，在行使管理职能时，管理者需要具备三种技能，即技术技能、人际技能、概念技能。对于不同层次的管理者来说，这三种技能的重要性是不同的。

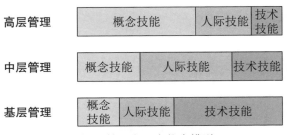

图4 管理者三大能力模型

读书时，我对概念技能不太理解，等做管理工作后才逐渐明白，概念技能是一种对问题本质的抽象概括能力。"你能做好事情"与"你能抓住事物的本质和背后的规律"是不同的，它们之间的差异也是很多人的成长瓶颈所在。

微软前中国区总裁吴士宏在《越过山丘：打破人生与事业的迷障》中写道："从学习教练后不久，我开始写日课，起初是为了记录情绪，努力帮自己治愈。至今第七年了，一天没落，已成习惯。

其中不少篇幅其实都可以算作自我辅导。两三年前，我在每天日课的最后加了两项：'感恩'与'日省'。其中大多是细碎的感悟，或只是自我提醒，也未必能有几个 A-Ha moment，积累多了，就能达成无形的改变，由内而外。"

有句话说得很有意思，如果我们没有觉得去年的自己很愚蠢，那说明我们今年的进步不明显。管理者的成长不仅关乎个人的进步，更是影响整个团队的进化速度。因此管理者要格外重视自我管理，寻找到适合自己特质的管理风格，持续培养自己的上坡习惯，总结经验教训，努力刷新自己。

第 9 节
轮岗：让跨界带来新视野

流水不腐，在阿里，有潜质的人通常三年就会被轮岗，甚至三年内换过七八个部门、换过五六个领导的员工也大有人在。轮岗既降低人的疲劳感，让组织活化并更具吸引力，让人不用跳槽就能到不同环境中尝试不同的机会，也为人的自我实现打开新空间，让人得以超越专业、背景，不断跨界成长、创新、突破。

——《干就对了：业绩增长九大关键》，俞朝翎

为什么要轮岗

当年毕业后，我在一所高校的人事部门工作了四年，经历过一次晋升，但是再想获得更好的发展时，就感觉遇到了瓶颈，也产生了一些职业倦怠感。为了拓宽自己的视野，我主动提出到一线部门轮岗锻炼的请求。好在学校机制灵活，领导虽有些诧异但也没有反对。

后来我在某个学院工作了三年多，从 HR 跨界成为负责行政管理和学生管理工作的副书记、副院长，对工作有了新的思考。很多 HR 未在一线部门工作过，和一线业务管理者的工作视角不同，在看待问题时更容易倾向于专业导向而不是业务导向，关注管控导向而不是服务导向，习惯于流程导向而不是结果导向。通过轮岗，我对业务部门的工作有了新的理解。

俞敏洪在《我曾走在崩溃的边缘》一书中讲述了轮岗机制的作用:"创造内部人才流动的平台和机制。为什么呢?因为我们发现,如果把一个能干的人放在一个发展空间不大的岗位上,那就等于把人才浪费了。如果把不是人才的人放在一个大平台的重要位置上,那这个平台就会被毁掉。人才要用到刀刃上。所以,一定要不断地创造人才的内部流动机制,以确保每一个人都能真正在他擅长的领域和岗位上施展自己的才华。所以,每过一段时间,一个机构中的队伍结构要进行一下调整,即实行轮岗机制。"

从组织层面上看,轮岗有两个主要作用,一是防止一些人长期在某个地方、某个岗位工作,形成小团体,或者因为工作重复单调,丧失工作热情;二是激励一个人,轮岗可以丰富人的视野和经历,对重点培养的骨干是很好的历练机会。

从个人层面上看,轮岗对锻炼一个管理者的视野与格局极为重要。从职能部门到业务部门,从业务部门到职能部门,其工作思路和工作方式差异性很大。一个人在不同的岗位上工作,可以收获更多不同的经验。总的来说,轮岗对管理者的个人成长有以下三个重要作用。

第一,**建立大局观**。长期在一个岗位工作,视野和思维方式容易僵化,做事习惯于从本岗位、本部门出发,下意识地按照惯性去执行,看不到外界的环境变化和公司的利益诉求。长期站在山脚或者半山腰看风景,很容易变得狭隘。范金在《华为如何培养人》中提到:"'烟囱式'成长的干部,思维难免会有局限性,考虑问题比较片面,也容易出现本位主义。为了避免出现这样的问题,华为对干部管理有明确的规定:职能部门的正职必须有一线管理经验,职能部门的副职不允许直接晋升为正职。"

第二，**培养同理心**。事非经过不知难。我早年一直做 HR，后来去一线部门轮岗后才知道，一线工作和当初想象的完全不一样。美团前 COO 干嘉伟说过："从职能管理到业务管理，这是一个非常大的跨越。哪怕你是一个非常有经验的职能管理者，管过几千人的团队，也不意味着你就可以顺理成章地孵化出一个 5 个人的独立业务，二者的能力要求完全不一样。"

第三，**成为多面手**。斯蒂芬·金在《肖申克的救赎》说："监狱里的高墙实在是很有趣。刚入狱的时候，你痛恨周围的高墙；慢慢地，你习惯了生活在其中；最终你会发现自己不得不依靠它而生存。这就是体制化。"轮岗能提高管理者的适应性，通过在多个岗位历练，更容易发现适配自己的角色，避免体制化。

在同一个部门做管理的时间长了，很容易产生职业倦怠。解决职业倦怠的方法有哪些？除了重新设计我们的工作内容、调整我们的情绪以外，还有轮岗这个选项。

刘澜在《极简管理学》中提到："轮岗的主要目的不是提升技术能力，也不是提升人际能力（这可以作为次要目的），而是提升概念能力。"轮岗的重点并不是要求管理者在技术技能上取得精进，而是获得在不同岗位工作的亲身体验，能够站在公司的整体角度思考问题。

轮岗时的选择

如果我们面临比较重大的决策，一定要给自己多争取一点思考的时间。这是为了避免在自己心力资源不足，没有想清楚的情况下，做出了以后会后悔的选择。

我想起了几年前自己岗位调整的事情。当时公司领导找我谈话，准备把我调到另一家单位做部门正职。但是那一家单位的业务领域我并不熟悉，新部门负责的工作范围也更大，虽然我能够晋升半级，但是通勤距离更远。

我就和领导说，自己需要一点时间思考，第二天下午给领导答复，领导同意了。

后来我利用一个晚上的时间，分析了自己去那边工作可以获得的机会和能够承受的代价，也征求了家人的意见，第二天给了领导一个肯定的答复。

如果我是当天谈话时就做决定，很可能会选择不去，因为从明面上看，困难还是非常多的。但是因为有了相对充裕的时间去思考，我最终还是选择去了。**待在舒适区对今天来说是个好选择，但是对明天来说就是个糟糕的安排。**

现在来看，去新单位工作两年多，对我的锻炼非常大。我远离了舒适区，面临不熟悉的领域、不熟悉的环境，还有更加复杂的人际关系，这让我对团队管理有了新的认识。我不断完善机制，吸纳人才，在打好常规工作基础的情况下，尝试一些创新举措，为团队培养出一批优秀的下属，得到了领导的认可，半年后我就获得了新的晋升机会。当然我付出的代价也很大，因为现实中的困难比预期的要多出好几倍。仅仅是通勤距离远，就让我颇受折磨。通勤时间长，工作时间也长，因此我对家人和孩子的照顾就显得力不从心。

很多企业都有轮岗机制的设计，但在实际工作中，我们可能会遇到很多个性化的问题。例如，以前有个基层主管要轮岗到另一个部门，原部门的领导希望他留下来，新部门领导又期待他早点过去，结果他在短期内两边的工作都要处理，两边的领导都不能得罪，很痛苦。

在轮岗初期，我们要理解这种两边交叉的情况，积极协调好两个部门的工作。例如，和新部门的领导做好沟通，表明自己十分迫切地想在新部门全力开展工作，但原部门的工作一时没有人接替，在未来一两个月，还得抽出一些时间暂时处理相关业务。等原部门人员到岗后，就能全身心地投入新岗位。和原部门的老领导也要表达支持工作的意思，感谢老领导过去的培养，虽然自己已经去新部门报到了，但仍然会分出精力照顾之前的工作，避免因为岗位变动影响原部门的工作。

轮岗时的注意事项

拉姆·查兰在《CEO 说：人人都应该像企业家一样思考》一书中提到："因为大多数人在一个公司的某个职能部门开始他的第一份工作，当他们获得升职的时候，通常还是在这个职能部门内部晋升，这就好像一个人通过'职能竖井'或者'竖井'垂直上升。这样的职业路径会限制一个人的视野，影响他们每天的决策和判断。一个对本部门最好的方案，未必对公司整体最有利。"

拉姆·查兰建议，管理者应当学会把公司看成一个整体，做出提高公司整体绩效的决策。这样不仅能够少一些官僚主义作风，更多地关注业务本身，还能让自己更有激情和使命感，能看到自己的建议和决策在帮助公司不断发展壮大。

对个人来说，轮岗到新的岗位后，要注意以下三个事项。

第一，不要立刻着急改变原有的制度、流程，先适应下来，用一段时间熟悉情况。没有搞清楚情况就着急动手改革，是很容易碰壁的。凯文·凯利曾说："不要浪费时间去抗争旧的，只须去建设新的。"这句话很适合送给轮岗的管理人员。

第二，不要随意否定原来做这个岗位的领导或同事。哪怕我们轮岗后发现该岗位有很多工作都没有做到位，甚至还有很多遗留工作没有处置，也别着急批判。特别是不要在公开场合抱怨、吐槽，因为这些声音很容易传播出去，影响我们的生存环境。

第三，轮岗到新岗位，也需要筹备一些"小胜利"，帮助自己尽快站稳脚跟，让领导、同事和下属看到我们带来的新变化。当然，我们的新举措最好另辟战场，尽量不要在过去的存量领域中着急创新。

轮岗后留下经验

我以前做主管时轮岗到其他部门锻炼，交接工作时，除了按照要求填写一页交接单以外，我另外给接任者写了4000多字的工作交接报告，把日常工作中不容易发现的问题，以及自己处理一些问题的经验书面写下来了。没人要求我这样做，但我还是希望过去的经验能留下来，帮助接任者更快地进入角色。

在一个岗位工作，我们就要成为这个岗位的"首席知识官"。用这样的心态对待自己从事的每一份工作，就能给自己积累更好的经验和口碑。

除了专业性非常强的岗位，如果我们在同一个岗位工作超过3年时间，或者说感觉在这个岗位已经没有什么新挑战了，就可以考虑轮岗。如果暂时不具备轮岗的条件，就可以通过向他人请教、读书学习、培训进修等方式，为自己积累经验。

此外，除了管理者本人的轮岗锻炼，也可让团队成员互相轮岗，培养员工一岗多能。员工在完成本职工作的基础上，利用闲暇时间了解和学习其他岗位的工作内容，这样不仅能增强自身的

技能，获得更多的成长机会，也能避免人员离职导致工作停滞的
情况。

总之，轮岗虽然给我们带来一定的不确定性，但正是这个不确
定性的存在，激发我们走出舒适区，帮助我们识别哪些是自己可以
带走的能力，哪些是平台赋予我们的势能，带着历练自己的目标去
轮岗，探索轮岗带给我们的"挑战红利"。

第 10 节
晋级：让未来的成长水到渠成

你一生中销售的唯一产品就是你自己。

————美国著名推销员 乔·吉拉德

晋升的影响因素

如何获得晋升的机会？这是很多管理者关心的问题。他们从依靠专业能力吃饭的个体贡献者，成为凭借管理能力突围的基层管理者，如何再通过商业能力的训练，成为统筹一个部门、一个大团队的中层管理者呢？

很多基层管理者认为，只要自己把本职工作做好，就能获得晋升机会。但晋升需要我们具备下一个级别的能力，做到下一个级别的事情，才能让组织放心。当下的本职工作做得好，公司支付工资和奖金作为回报。公司给管理者更高的级别，不是把晋升当作奖赏，而是希望我们可以承担更大的责任。

杰克·韦尔奇在《赢》这本书里提到："大致说来，要想获得晋升，有一个'要'和一个'不要'。要交出动人的、远远超出预期的业绩；在机遇来临的时候，要敢于把自己的工作责任扩展到预期的范围之外。不要麻烦你的老板动用政治资本来帮助你。"

从贡献的角度来说，业绩要高。从承担的角度来说，职责要宽。但仅仅满足这两个因素就能获得晋升机会吗？

在评估晋升的时候，不管是几个领导小范围商议，还是走一个正式的竞聘流程，都会考虑几个关键因素。

1. 这个人的业绩和能力怎么样？特别是被领导看见的业绩和能力如何？

2. 这个人是否可以信任？

3. 这个人是否看上去像一个领导？

4. 当前有没有比他更合适的人选？当前时机是否适合立即晋升，还是再观察一段时间？

用一个公式来表达的话，**晋升＝能力 × 信任 × 形象 × 运气**。

能力这个因素自然无需多言，这是一个人被团队认可的基础。当然不一定非得是业绩第一名的人才有资格去做管理，毕竟有些人不擅长也不喜欢管人，但如果想获得晋升，业绩和能力起码要能说得过去。

信任这一关是考验管理者获得下一步晋升的前提条件。领导们提拔一个人，自然是希望让自己更省心。杰弗瑞·菲佛在《权力：为什么只为某些人所拥有》中提醒我们，如果想获得晋升，仅仅依靠业绩是不够的，还要获得拥有投票权的人（例如我们的上级、上级的上级等）的认可，确保他们记得我们，对我们评价很高。菲佛说："业绩和职场政治技巧结合在一起，才能帮助你获得晋升。只靠业绩本身是不够的，在某些情况下，业绩甚至可能是无关痛痒的。"

在晋升考评中，一个人像不像一个领导，他的外貌、衣着、精气神也是重要的参考因素。万维钢在《佛畏系统》一书中提到了形象的重要性："决定你晋升速度的，是你扮演的像不像。你要当官就得有个官员的样子，永远都稳稳当当给人感觉特别胸有成竹，不轻易表态，不暴露自己的弱点，关键时刻有所担当，时刻盯住高层动向。你有权力得经常用才行，你施展了权力，像个官员，你就容易升上去。"

除此之外，还有一个不可忽视的影响因素是运气。在现实世界中，有的管理者是被赶鸭子上架的；有的是因为第一候选人离职或者出现问题从而成为幸运儿的；有的是因为几方争斗不休，悬而未决，最后因为不处于任何一个阵营而被挑中的……在他们还没有准备好，甚至并没有希望成为管理者的时候，就坐上了这个位置。当然，更多的情况是，晋升总是姗姗来迟，甚至事后才被追认。

导师和背书人

托尼·法德尔在《创造：用非传统方式做有价值的事》一书的序言中建议我们："任何有志于做出有益之事的人，都需要有也应该有一位导师和教练，而所谓导师和教练，指的是那些有见识、有经验，而且能够有效帮助你度过事业最艰难时刻的人。好的导师虽不会给你问题的答案，但他们会尽力帮你从一个崭新的角度去认识你的问题。他们提供给你的意见、建议皆源自他们自己的辛苦求索，而你则需要借此找到自己的解决方法。"

对于我自己来说，理解这一点花费了太长时间。过去很多年，不论是学习还是工作，由于性格内敛的原因，我遇到困惑时都倾向于自己去寻找答案，不好意思去麻烦别人。很多自己费大力气才能收获的经验，别人可能只需要导师几句话的点拨。

戴维·布鲁克斯在《第二座山：为生命找到意义》中说："一位好的导师，会指导你做出人生的各种决定，比如去哪里读研究生或从事什么工作。一位好的导师，会教你任何艺术中蕴含的默契。任何一本书或任何一次讲座，都能告诉你如何做好一件事。但在任何艺术中，无论是烹饪、木工、科学还是领导力，都有某些形式的知识无法纳入规则或指南——这是只有导师才能教授的实用形式的知识。"

俗话说"听君一席话，胜读十年书"，请教高手可以让我们少走弯路，他们是活着的词典、行走的答案。读书、学习网上课程当然也是不错的学习渠道，但最前沿、最真实的经验，大多来不及或者也不会写成书、做成课，更多的是口口相传。

在谋求晋升的过程中，除了导师能帮助我们在日常工作中加速成长，还要关注另外一类关键角色——职场背书人。

康妮在《如何结交比你更优秀的人》中提到了对背书人的理解，"（背书人）是能对你的升职、加薪、获取更多机会、做更好的项目起决定作用的人。他必须是在公司高层讨论员工绩效考核时能起决定作用，并且愿意替你争取利益的人。"

谁能做我们的背书人？首先，背书人了解我们的能力、业绩，对我们有足够的信任；其次，背书人身处决策层，能够在公司的人事决策会议上说得上话；最后，背书人愿意竭力为我们争取机会。

背书人可以不止一位，最好有两到三个人能够支持我们。在晋升评估会议上，如果有人主动推举我们，有人能够力挺我们，再加上没有人激烈反对，我们晋升成功的概率就非常大了。

提升格局

一个有经验的管理者，会优先站到高处，全盘考虑，聚焦组织目标，关注外部动态，分析内部资源和优势，找到自己团队最重要的任务，去支撑组织目标的实现；而不是管中窥豹，只注重自己的一亩三分地，对其他部门的诉求和组织的整体利益视而不见。

过去一位领导常说："上升两级去思考，下降两级抓执行。"团队管理者不能总是低头劳作，看似勤奋，实则低效，而要经常抬头看"天"，升维思考，降维执行。这个"天"，既有宏观层面的政策调整、经济形势、行业发展趋势，也有组织层面的战略方向和工作重点。

从本部门的基层管理晋升到中层管理岗位，我们需要克服过去的思维惯性，开始关注全局利益，而不仅仅是局部得失；开始关注人的发展，而不仅仅是事的完成。

部门负责人的职责是什么？是完成所有和本部门职能相关的事务吗？是，也不全是。实际上，所有人在组织的真正职责只有一个，那就是帮助组织在竞争中获得胜利。

作为有晋升机会的基层管理者，平时要多观察企业中备受重视的员工，他们不一定是业绩最突出的，但可能是处处为公司着想、时时会主动学习、常常能总结经验的人。

平日里要常常反思，自己的目光是否关注宏观政策和行业趋势的变化？自己当前做的工作是否和组织的核心目标相一致？自己思考问题时，能否站在更高的层级？落地执行时，是否能够有效观测工作成效和辅导下属？

每上升一个职级，我们就需要匹配相应的气度与格局，不断适应角色的变化，调整自己的视野，敢于面对复杂的局面。

关注外部机会

经过几年时间的锻炼后，管理者站稳了脚跟，但同时也会发现，因为组织架构调整、业务模块变化、上级领导变更、内部晋升失败等因素，自己又会面临新的挑战。这时候是选择继续坚持，还是换一个公司重新开始？

如果跳槽仅仅只是为了逃避某些问题，那么在下一家公司我们可能依然会遇到让我们想逃避的其他问题。跳槽解决不了所有问题，如果自己遇到的问题是其他地方也可能会遇到的，可以考虑与问题共存，让时间的变化带来新的变量，去优化问题或者让问题消解。

如果所在公司已经无法让自己发挥优势，在遇到好机会的前提下，特别是遇到更匹配自己的上级和团队时，可以选择跳槽。

托尼·法德尔曾说："你做什么很重要，你在哪里工作也很重要，但最重要的是你和谁一起工作，你能从谁身上学习。"

对于年轻的管理者来说，和自己敬佩的人一起工作是最好的回报。一个人在成长过程中的关键变量，就是遇见的人。选择和谁同行，决定了我们会被谁塑造。这远比当前所拥有的工资福利、工作环境等因素更加重要。

当然，试图通过不断跳槽来换取所谓的晋升，并不是明智之举，即使短期内有收获，迟早也会暴露自己的短板。不会游泳的人，换一个游泳池也无济于事。

创造更大的价值

获得一个东西的最好方法是让自己配得上它。在职场上的成长，包括晋升，也是同样的道理。作为一名管理者，我们常常需要思考的问题不是如何拥有更高的职位，而是如何创造更大的价值，创造更多的成果。

特斯拉的员工手册中有这样一段话："你的首要工作——每个人的首要工作——都是帮助公司成功。如果你发现有机会改进我们做事的方式，那就大胆说出来，即使这些超出你的职责范围。你与特斯拉的成功息息相关，所以请提出建议并分享你的想法。如果你把你的好主意藏起来，它们将毫无意义。"

帮助团队创造额外的价值，让公司取得成功，这是所有员工打开机遇之门的路径，对于管理者来说更是如此。如果我们希望自己继续在工作中取得突破，承担更大的职责，那就不要停止前进，不要害怕挫折。**在职业生涯中，唯一的失败就是无所作为，其余的都叫试错。**

《小王子》的作者安托万·德·圣-埃克苏佩里曾说："如果你想造一艘船，你先要做的不是催促人们去收集木材，也不是忙着分配工作和发布命令，而是激起他们对浩瀚无垠的大海的向往。"

这大概就是我们希望成为的理想管理者的样子吧。

　　我之所以想写这本书，最早是因为一位朋友的吐槽。他之前在业务部门的业绩很好，于是被上级相中，晋升成为一名管理者。然而，原本意气风发、准备大干一场的他，很快就被繁杂琐碎的管理工作搞得晕头转向，甚至打起了退堂鼓。他觉得带五六个人做事，远不如一个人干活清爽。好在后来他熬过了最混乱的一两年时间，慢慢理出了头绪，也逐渐赢得了同事的认可，团队管理工作开始进入正轨。

　　在十余年的职业生涯里，我从一名小职员成长为一名团队管理者，经历了很多有喜有忧的场合。我的主业是 HR，在不同的组织中尝试过不同的岗位，观察过很多职场人的起起伏伏，特别是很多人工作几年后，面临走专业路线还是管理路线的选择，从新上任做管理时的踌躇满志、骄傲自得，到后来的如履薄冰，我都感同身受。

　　在纠结彷徨的日子里，重新赋予我前进力量的是写作这个习惯。从上班第一年开始，我就一直利用业余时间写作，从刚开始的写日记、写工作小结、写生活反思，到写微博、写公众号文章，已码足百万字，写作慢慢地成为了我的日常。让我感到特别温暖的是，有很多人给我留言说："你的文字给了我很多启发。"

　　写得多了，心就野了，我开始琢磨着写本书，于是便以朋友的吐槽为起点，以工作中的观察与思考为脉络，以自己的经历和听说的故事为案例，以阅读的著作和请教的高手为参谋，完成了这本书的创作。

写书是一次系统性的总结，既能体系化地回答朋友的提问，也能帮助自己重新梳理过往经历，为陷入类似困惑的新任管理者提供一份行动指南。

能够完成这本书的写作，首先要感谢我的家人，特别是小娃柚子和柚子妈妈吴秋月，没有他们的鼓励和帮助，我很难抽出时间按期完成创作。

感谢陈彩霞老师的引荐和支持，感谢清华大学出版社张立红老师的认可与指导。感谢陆真、张星明、秋叶大叔、曹将、刘 sir（刘杰辉）等领导和朋友的推荐。

感谢多次指导和鼓励我的团队领导：胡昭林、叶观澜、王丽、李春梅、黄君婕、邵玲、杨成华、方纯洁……书中的一些案例和观点得益于他们给我的启发。

感谢我曾经的 HR 团队和业务部门团队的小伙伴们，能和他们在工作中取长补短、互相启发、彼此激励，是我职业生涯的莫大幸运。

感谢石景佳、刘萍、景颖、王乐、张玉婷、李扬、王君、张嫒嫒、赵康、沈苏婧、邓仁为、李仔雄、吴磊、李阳光等读者的鼓励和陪跑。

感谢出现在我书中的那些经典书籍的作者们，正是他们的著作给了我很多启发和思考。

同样的，还有很多支持和鼓励我创作的朋友、网友，在此无法一一致谢。期待未来有更好的机会交流。

记得大学快毕业时去找工作，有一次，面试官问了我一个问题："你最喜欢的格言是什么？"我的回答是："成佛在西天，更在去西天的路上。"

　　这本书可以看作是我工作总结和学习思考的一个小里程碑，作为一名终身学习者和持续写作者，期待后续能有更多的内容和你分享。